Impressum

Herausgeber	Michael Thomsen www.altenpflege-experte.de
Bildernachweis	Andreas Schnellen Michael Thomsen
Layout/Gestaltung	Andreas Schnellen

© 2020

Herstellung und Verlag: BoD - Books on Demand, Norderstedt

ISBN: 978-3-7519-8354-9

Zeitenstaub

Gedichte 2017 bis 2019
und Bonus-Material

von

Michael Thomsen

Inhalt

Seite

Vorwort

Nach meinem ersten Gedichtband „Gewichtetes" lasse ich hiermit nun weitere Dichtungsversuche folgen, wieder mit der Unterstützung und Bereicherung durch Fotos von Andreas Schnellen, eine bunte Mischung aus Einfällen, mal tief, mal lustig und auch anders. Die Gedichte habe ich in einem Zeitraum von 2017 bis Ende 2019 geschrieben.

Ich habe beim Nachlesen überlegt, was sie verbindet außer dem Zeitrahmen, in dem sie geschrieben wurden. Ich kam nicht gleich auf einen gemeinsamen Nenner. Was war prägend, hat mich beschäftigt?
Nun da waren die Geburten meiner drei Enkel – auch dazu Gedichte -, der Eintritt in die Rente und das Aufgeben der Vortragstätigkeiten sowie die Publikation zweier Fachbücher, die Hochzeit meines Sohnes, der Schock meines Defibrillators im September 2019, der Tod eines nahen Freundes dann im Dezember, aber auch meine intensivierte Ahnenforschung und der Rückblick auf mein Leben bis heute und schließlich die aktuelle Tagespolitik, der sich wohl niemand entziehen kann und zu der man sich geflissentlich eine Meinung bildet.

Und so will ich dem Leser es etwas leichter machen, um das eine oder andere Gedicht besser zu verstehen. Denn ich habe dem Band eine Art Essay angefügt, in dem ich versuche, meinen Blick auf die Historie der Jahre seit etwa 1969 darzulegen. Diese Ausführungen sehen Sie also gern als Bonus-Material und Interpretationshilfe für das ein oder andere Gedicht an.

Michael Thomsen
im Januar 2020

Im Unklaren

Wie erkenne ich, was wichtig ist,
Wenn nicht jede Botschaft richtig ist?
Welche Dinge kann ich dann ändern?
Denn landauf, landab auf allen Sendern
Bleibet vieles lang im Waagen.
So muss ich Wahrheit, Lüge, Schein ertragen.

Sieht denn niemand von uns klar,
Obs recht, gerecht und billig war?
Jede Botschaft gereicht zur Deutung,
Ganz nah und auch vorbei an Täuschug.
Erkenntnis zwischen Glaub` und Wissen
Muss man beim Volk vermissen.

Schweigen und auch Brüllen ohne Zugewinn,
Verloren der Mensch, und die Zeit zieht hin.
Wie soll ich da finden aus dem Labyrinth,
Wenn ich nirgends einen Ausweg find?
Ohne Wissen, ohne Bildung, ohne Urteilskraft
Wird Kultur und Zivilisation bald abgeschafft.

Am End´ hat wieder niemand was gewusst.
Zu spät erst - wenn wir gehört - den Schuss.

BOTSCHAFT DER ROSEN

Die Rosen, die ich in unserm Garten finde,
Sie wollen nicht, dass ich sie binde.
Sind hingegen Riechgenuß und Wohlgefühl,
Wenn ich zwischen ihren Stengeln wühl.

So ein schönes Bild, was will es sagen?
Ich solle Dich, nur Dich noch einmal fragen:
Liebst Du mich, auch wenn ich garstig bin?
Leiten sie mich auf solcherlei Gedanken hin.

Wenn wir immer wieder zueinander finden,
Können wir uns verzeihlich aneinander binden.
Trotz aller Plackerei und umeinander Sorgen
Ist Freude bei jedem Wiedersehn am Morgen.

VIELLEICHT

Das schönste Wort, wir könn´s nicht missen,
Für Hypothese ist - „Vielleicht",
Das schwankend Wort im Ungewissen
Für ein jeglich Zwischenreich.
Bleibt es die Antwort offen,
Lässt uns noch gar vieles hoffen.

Ein Windstoß schon kann etwas bewegen,
Und in diesem Reiche kann erregen,
Was zum Nein und Ja sich neiget
Oder immerwährend schweiget.

Das Vielleicht ist vor dem Ende der Geschichte,
Selbst betrachtet im zukünftgem Lichte,
Ein Spannungsbogen, der uns weiter-zieht,
Dem Autor hilft, dass man den Roman zu Ende liest.

Im Vielleicht bleibt alles möglich
Sogar, was dem Werk nicht nötig,
Treibt heraus so manche Fragen,
Was es hat dem Leser wohl zu sagen.

Dem Liebenden zur Qual
Bleibt, mehr als lieb, die Wahl.

UNTERSCHEIDUNGSKUNST

Klarsicht und besonders Sicherheit,
Braucht der Mensch zur rechten Bindung.
Betrachtet leider oft verworrene Wirklichkeit,
Verlaufen wir uns in ruhlos Windung.

Der Vögel, Pflanzen Treiben, das uns kann zeigen,
Wie sorglos es auch im Leben gehen kann.
So vermögen wir nicht nachzueifern,
Sie entziehn sich lautlos unserm Bann.

Nur ein klar und deutlich Unterscheiden,
Nimmt ganz viel von unserm Leiden.

DER LIBERALE

Der Liberale betont, er wolle Transparenz.
Wohl nur zu Zeiten der Karenz,
Denn Offenlegung – so er - doch Nötigung,
Spricht er lauthals zur Verteidigung.
Der Staat solle sich verpissen,
Der muss nicht alles wissen.

Was ihm gereicht zum Wohlgenuss,
Nicht jedermann auch wissen muss.
Wo Grenze sein soll fürs Intime,
Es sich zur Kultur geziehme,
Nennt er es das Private,
Weggeschlossen wie Asservate.

Glaubt nicht solch politisch Mündern!
Werden immer das Ehrliche verhindern.

AUF REISEN

Auto, Fahrrad, Reisen.
Wer will mit uns fahrn?
Auf des Bahnhofs Gleisen
Wartet schon die Eisenbahn.

Ob nach Westen oder Osten
Richtung Süden oder Norden?
Wir komm´ schon auf unsere Kosten.
Hier nur weg, zu anderen Horden.

Wir haben schon gewonnen,
Sind wir erst mal angekommen.
Sind in manch fernem Lande Gäste,
Nehmen teil am Gesellig Feste.

Fliegt die Landschaft uns entgegen,
Radelnd auf recht vielen Wegen.
Können hier und dort mal schadlos rasten,
Wollen nicht mehr ruhlos hasten.

Kommen früh oder spät ans Ziel,
Wo wir am Abend müßig weilen
Und jeder neue Plan gerät zum Spiel.
Eben kein Grund sich zu beeilen.

Losfahrn und dem Wetter trotzen,
Wir haben nicht zu motzen.
Fahren, wie versprochen, auch zurück
Zum Wiedersehn der Lieben, welch ein Glück!

WERNER (20.12.2019)

Kann nicht fassen, halten jenen Augenblick,
Der sich aufdrängt mir zu loben,
Denn niemals find ich recht zurück.
Ist vor lauter Werden aufgehoben.

Bleibt mir kein Sinn im Hier.
Nur Rauschen, Fliehen wie ein Tier.
Kann nur immer weiter – denken,
So lässt sich vom Gewesen - ab- und lenken.

Wird immer greifen nach dem Tode
Nach Glück und Segen mir zum Halt.
Auf Herz und Seele ich, was war, hoch lobe,
Denn nach uns bleibet´s am Ende kalt.

All unser Streben nach dem, was bleibt
Wird zuletzt der Erde einverleibt.
So öffne nur die große Truhe,
Darin zu finden - endlich Ruhe.

Suche nach dem Heiligen Gral

Nach etwas zu suchen, was der Phantasie
Vor uns gelebter Menschen entsprungen,
Kommt einer unendlichen Reise gleich.

Es bleibt ein ewig Kreisen um die Wahrheit.
Ein Annähern oder Fehlen - hält sie niemand in der Hand
Und bleibt ein dauernd Suchen.

KATEGORISCHER IMPERATIV

Wenn die Goldene Regel gelten soll,
dann darf es nicht ein Recht geben,
Schädliches oder Unvernünftiges zu tun,
weil der Mensch ja freier Entscheider ist.

Denn die Guten und Vernünftigen müssen ZULASSEN,
dass die Starken und die Skrupellosen ihren Vorteil erfassen.
Darum siegt zu oft das Böse und Schädliches mehret sich.

So hat Gott im Paradies sogar das erste Verbot erlassen
Und doch wurde es sogleich übertreten.
Ist nun das Verbot das Böse oder die Übertretung?

Frei können wir uns entscheiden.
Doch die Verlockung ist da und hat kein Ende.
Bleibt das Verzeihen dem Guten
und das Recht des Bösen umzukehrn.

DER NACHFAHRN ERINNERUNG

Verblassende Erinnerung, alles wird fortgetrieben
Bleibt das nur, was erzählt und aufgeschrieben?
Lass uns die Geschichte erhalten im Gedächtnis!
Nicht vergessen, mehr Erhalten als das Nichts.

Erzähle Vater, du, von alten Zeiten,
Von so manch verpassten Gelegenheiten!
Die Enkel wollen hörn die Lebensgeschichte
Seien es Anekdoten oder Gedichte.

Was du fühltest, als es dich anrührte,
Was dich so hin und wieder verführte.
Und erzähl bei deiner sorgfältigen Erwägung
Gern auch von tiefempfundner Prägung.

Soll die Nachwelt von dir halten, was sie will.
War da einst ein verletzlich und ungerecht Gebrüll,
Gibt's sicher gewiss vieles anderes zu sagen,
Was sich einst im Lebenslauf hat zugetragen.

Fehlen dem Nachfahr noch so viel Notizen,
Reichen gelegentlich die Skizzen
Zur Erstellung für uns, ein bleibend Bild,
Ungenau vielleicht, doch es gilt.

WAS IST ES? (Manchmal, wenn ich Dich seh.)

Was Blitzlichtartig so angenehm mich schockt?
Was sich schlagartig durch meinen Kopf arbeitet
Und so ein wohliges Gefühl bereitet,
Ein Lächeln unaufhaltsam hervorgelockt.
Ein Gefühl von Vertrautsein in ganzer Tiefe,
Wenn ich Dich so sehe – als ob ich Dich riefe.

Selten fasst es mich an in dieser Weise,
Nun spür ich diesen Moment voll Wohligkeit,
Wie Du da stehst so einklänglich und doch leise,
Und gehst schon wieder und bleibst mir doch bereit.
Ich sitze und versuche staunend zu fassen,
Was Du gerad im Raum hast hinterlassen.

Vor über Zweiundvierzig Jahren
Gedachten wir uns zu paaren.
All die Jahre aufeinander eingestimmt
Bleiben wir füreinander bestimmt.
Und gerade hielt mich ein so schöner Moment in Bann,
Den - ich hoff - auch Du ab und zu genießen kannst.

RÜCKSCHAU

In der Rückschau auf das Leben
Wollen wir endlich begreifen
Der einen oder anderen Wege Gabelung
Beizeiten des Ganges Unsicherheit bestaunen.

Fühle mich wie ein Tintentropfen,
Abgewaschen von der Zeigefingerkuppe,
Der in den Abguss fließt und ich empfinde
Die seltsame Verästelung allen Lebens.

Davor ich staunend den Buchstaben folge,
Die der Füllhalter auf dem Papiere kratzt,
Als sei es der Spaten, mit dem ich
Nach den Wurzeln meiner Herkunft grabe.

Wie ein Vogel den Landeplatz am Baume sucht,
Schwebe ich herbei und merke,
Dass ich nur der Specht sein kann,
Der am Stamm das Loch für seine Heimstätte hackt.

Verborgen unter Gras und Sand und Pilzgeflecht,
Die starken Wurzeln meiner Herkunft,
Dunkel und schwer nur zu entdecken,
Wo auch schon mal ein Brocken vom Felse liegt.

Ein Lehmgürtel hindert am Weitergraben,
Ein Wurzelstrang vom Ungeziefer abgenagt.

Über mir der Himmel und nahe am Baume
Ein schimmernd Blatt herunterfällt.

Sich nicht mehr halten kann im Wind.
Was über mir, ist Zukunft und Leben
Ein Hoffen bleibt dem Stamm,
Dass seine Äste weiter heraus die Blätter treiben.

Kann ich Specht sein oder werden?
So wird's vielleicht auch mal ein Stück vom Mensch,
Wie ich ihn unter mir zu graben sehe.
Eine Wurzel hat er nun gepackt, mühsam vorher freigelegt.

Vom Zeitenstaub umkleidet.
Was kann er lesen, so er dazu bereit?
Vieles bleibet immer dunkel, noch einiges sich zeigt.
Er hat herausgegriffen die wohl stärkste Wurzel.

Die reicht hinab bis ins weit enfernte Jahrhundert.
Je tiefer die Abschnitte und Zuästelungen,
Desto breiter Namenvielfalt und Namenwechsel.
Nachzulesen im Ahnenforscherportal.

Fleißig festgehalten als Stammbaum oder Ahnentafel.
Auch hier muss ich mich also entscheiden:
Wo steige ich ein?

VIELLEICHT 2

Ein „Vielleicht" erhöht die Spannung.
Es lässt uns alles offen,
So kann ein jeder hoffen.
Ein „Ja" hingegen schafft Entspannung.

Und es verbreitet darum Zuversicht.
Bestimmtheit garantiert es nicht.
Ein „Nein" dagegen mag niemand hören,
Fühlt sich an, als wenn wir verlören.

Gleichwohl - zwischen Ja und Nein die Wahl,
Ist ein „Vielleicht" ein Ausweg aus der Qual.

KLEINER FRATZ

Hey, Du kleiner Fratz, dort im Baby-Chair,
Strampelst und wirfst die Ärmchen hin und her.
Der Vater hält dich warm und lacht wie ein Bär.
Willst Du vom bärigen Lachen noch mehr?

Du lächelst jetzt voller Entzücken zurück.
Und ich denk für mich, das ist ein wahres Glück!
Nun die Mutter, sie schenkt Euch Lächeln auch.
Ihre Hand wandert vom Fuß an Deinen Bauch.

Und jetzt schreist Du aus voller Kehl die Welt an,
Rufst so unüberhörbar, wenigstens einen der Eltern,
Die sich sorgen und nur können raten,
Was Dein Geschrei soll ihnen verraten.

Sie haben noch nicht eindeutig Zeichen,
Müssen deuten, was Du willst zeigen.
Schon kommt die Mutter mit dem Fläschchen daher.
Du trinkst es, so niedlich saugend, ganz leer.

Und schon wieder ein Schreien, ein Klagen,
Kann nicht gleich verraten den Sitz Deiner Plagen.
Sie schaukelt Dich sanft und hält Dich fest,
Dass Du endlich ein Bäuerchen lässt.

Bald schon schläfst Du und bist ganz entrückt,
Ich kann einfach nicht abwenden den Blick.
Die Lider zucken noch ein Weilchen wie Blitz.
Voll des Vertrauens in mich auf meinem Sitz.

AHNENSEELE

Wandern die Seelen unserer Ahnen
Nicht in uns Nachfahrn weiter?
Folgen wir darum fleißig ihren Bahnen
Und steigen abwärts auf deren Leiter.

Sie leben in und durch uns fort
Und ahnen von dem allen nichts.
Finden in den Analen nicht ein Wort.
Im Dunkeln es an Fortbestand gebricht.

Der Nachfahr, er find so gar kein Seel,
Daran er verzweifelt und geht fehl.
Wie können wir sie ehren,
Der Menschen Seelen in uns mehren?

Dass es nicht nur bleibt Geschichte
Oder der Nachwelt ein rein Gedichte?
Nun- sie werden´s nicht erzählen,
Wo und wie sie sich vermählen.

Aus dem Staube ihrer Hinterlassenschaft
Nur kann einmal werden in uns Kraft.
Suchet nicht im trüben Nichts das Licht,
Bleibt stets aufs Namengeben erpicht.

So kann auch das Imaginäre
Sie rufen – und seis Chimäre.
Was Namen hat und ein Gesicht,
Das, mein Lieber, vergisst man nicht.

Du kannst ihn rufen oder nennen,
Beim Anblick seiner Tränen auch mal flennen,
Oder aus dem einstmals Lächeln
Dir ein wenig Glück zufächeln.

Wer also von Seele spricht,
Sollt nicht religiöslich fabulieren,
Sondern sei ganz darauf erpicht,
Nicht die Seel darüber zu verlieren.

Sie suchet in uns Gutes,
Sollt sich unserm Herz einnisten.
Drum sei du frohen Mutes,
Durch die Rückschau auszumisten.

Erfreu dich deiner Ahnenreihe!
Auch sei Ehrfurcht vor manch Endeglied!
Dass ein Nachfahr aus so einem Gebiet
Dein Andenken nicht entweihe.

Nur so erhält die Seele Leben,
Dass ein freundlich Nachfahr daran denke,
Ein fort und durch das Herze Beben
Fortwährend ein wenig Licht dir schenke.

Die Seele sei darum – so ist es sicher -
Und macht das Ganze feierlicher,
Nichts weiter als ein Vermächtnis,
Fest gebunden an unser Gedächtnis.

VERWEILE AUGENBLICK IM SCHÖNEN

Wenn ich Schönem begegne,
Wird es still in meinem Kopf -
Und ich werde schwach.
Augen ruhen in dem, was ich sehe,
Nichts wird mir dann von außen aufgepropft,
Und mein Atem geht ganz flach.

Ein Baden in den klaren Augen,
Hoff ich, dass ich nicht dabei ertappt,
Diese Schönheit wohlig aufzusaugen,
Eh ein fragend Blick nach meinem schnappt.
Abwendend mich also der Mut verlässt
Und mein Herz in Scham versetzt.

Ach, könnt ich nur viel öfter so verweilen!
Müßt nicht ständig weiter eilen.
Könnt doch werden aus dem Augenblick
Ein dauernd Schauen weit zurück....

GEDANKEN FASSEN

Gedachtes nicht in Worte zu fassen,
Bleibt es meistens nebelhaft.
Wie Traumesinhalt fahren lassen
Verliert mein Zugriff jede Kraft.

Das Zugreifen, noch ein Akt,
Ist wie mit eines Teufels Pakt.
Sehe ich nur Felle schwimmen,
So gibt´s kein Bergerklimmen.

Kein Durchdringen dieses Nebelhaften,
Nur Verschwinden des Gedachten,
Kehrt zurück ein traurig Geist,
Dessen Seele längst verwaist.

SEINEN WEG NICHT KENNEN

Zu viele Schilder verweisen auf den Straßen,
Die ich gar nicht gehen will.
Nicht jeden Weg, den wir vergaßen,
Lohnt des vorgegebenen Ziels.

Wir achten viel zu viel auf Schilder,
Lieben mehr noch Bilder
Und sehen die Natur nicht mehr.
Verirren uns darum im Reiseverkehr.

Das Sandkorn zwischen dem Nichts

War ich schon einmal tot,
Nämlich, bevor ich gezeugt und geboren.
War erschaffen nicht in letzter Not,
Sondern im Plan der Gene-Autoren.

Die sich immer gleich verziehen,
Und sich in Unkenntlichkeit verlieren.
Gleichen sie eindeutigem Nichts,
Bleibt uns immer noch das Licht.

Kann ein Tasten, kann ein Hören,
Auch Sehen oder Schmecken uns betören,
Fallen wir nicht raus aus dieser Welt
Bis unser Auftrag eingestellt.

Unfassbar von Mühlsteinen zermahlen,
Kann nicht mal ein Sandkorn sich bewahren.

Seinen Weg nicht kennen

Zu viele Schilder verweisen auf den Straßen,
Die ich gar nicht gehen will.
Nicht jeden Weg, den wir vergaßen,
Lohnt des vorgegebenen Ziels.

Wir achten viel zu viel auf Schilder,
Lieben mehr noch Bilder
Und sehen die Natur nicht mehr.
Verirren uns darum im Reiseverkehr.

Ein Leben hinter den Buchstaben

Hinter den Buchstaben - der Zeit entrückt.
Wirkliches Leben ist in der Zeit gebückt.
Ihr zu entfliehn durch Lesen.
Um ein schreibend Überleben.

Silbenketten erschaffen das Bild,
Das nur dem Geiste gilt.
Diesen einmal entfacht,
Ist ergriffen er mit aller Macht.

Von schön bis hässlich,
Von hübsch bis grässlich
Er die Flügel hebt,
Im Zwischenreiche bebt.

So mancher, was er geschrieben,
Kann sich darin verlieben.
Doch das Lesen eines andern Text
Freudig entdecken, was darin steckt.

Und wenn im Sein ein Übel sei,
Ist das Sprachgebilde frei.
Zum Deuten und sich zu entfalten,
Kann ein jeder geistreich walten.

Und mit immer neu Lektüre
Wird geöffnet ihm die Türe,
Für ein lustvoll Gehn,
Hin zum Neuverstehn.

Woher die Satzgefüge wanden,
Richtig oder falsch verstanden,
Sie leiten ihre Leser hin,
Vielmehr, ob folgend einem Sinn.

Ein Wandern entlang der Zeilen,
Ein Hier und Da Verweilen,
Erfrischt am Ende jede Seele,
So dass es uns an nichts mehr fehle.

Von dem schwangervoll Geschriebenen,
Bleibt nicht zuletzt den Hinterbliebenen
Ein fleißig und stets neues Deuten
Der Hinterlassenschaft von klugen Leuten.

Mehr noch aber ist das Schweben
Im Hier und Jetzt des Les-Erlebens
Ein Freisein, das nicht jeder kennt,
Der Lesen von sich abgetrennt.

Ob in des Zeichenmeeres Wogen,
Oder im Anblick eines Regenbogens,
Überall hält uns ein derart Sehen bereit,
Was uns hindert in der Wirklichkeit.

Von Formeln und Gesetzestext bis Utopie,
Von reinem Wissen bis zur Fantasie
Ein jeder, was er braucht, entleiht.
Entflieht des Wortes Klange sogarder Zeit.

Vorbei an physikalischen Gesetzen
Kann sich unser Geist vernetzen
Und kann Unmögliches gebären,
So manches Ding verklären.

Mit dem Haschen nach dem Wind
Erkennen, dass wir machtlos sind.
Dennoch kann mit solchem Haschen
Der Mensch füllen seine Taschen.

Die sind aber nicht dem Tode greifbar
Sondern allein der Nachwelt bleibbar.
Darin der Natur neue Farben sehen,
Nicht verzagen an dem Welken, dem Vergehen.

Die Wörter

Wie ein Laubblatt im Nu des Augenblicks,
Es gibt kein Auf und kein Zurück,
Schwimmt darauf, ein mir bewusstes Licht,
Umgeben von stets des Dunkels Nichts.

Gefesselten Blickes auf dem Meer des Seins,
Vom Himmel herab sei es wie Wein´n.
Die Wörter des Wirklichseins zum Bilde reift,
Und dem Ganzen dann zum Sinn gereimt.

Bin ich gefesselt in der Zeiten Reihe,
Zutiefst ich darin verweile.
Springe ich sogleich zur nächsten Zeile,
Dass ein Wörterwalten daraus gedeihe.

Dies haltlos Unwirkliche ich nicht fasse,
Mich nicht im Vorher oder Nachher lasse.
Auf immer ich darin gebunden bin,
Gibt's zum Rundherum auch ein Entrinn?

Nur mit der Wörter Macht
Wird's ein Hell in solcher Nacht.
Und greift mich heraus aus aller Pein,
Dass ich gewesen bin nur Hier im Sein.

Wird so mir noch enthüllt das Schweigen,
Durch ein kräftig plärrend Wörter zeigen.
Dem ich gerne zugewandt,
Darin allein mein Glück ich fand.

Denn wie ein Samen aufgegangen
Die Wörter nach dem Bilde langen.
Sei es ein Spiegel oder Verweis auf Wahres,
Mich nährt, dass ich - erfahr es.

Ein bares Leben ohne Worte,
Führt uns nicht zur Himmelspforte.
Sondern verbleibt im stillen Nu,
Dem kommt keinerlei Gedanke zu.

Bleibt mir zu greifen hier im Jetzt
Das Laubesblatt, was ich im Netz.
Kann es in den Händen halten;
So mag ein neues Leben walten.

Nimmt den Schrecken von der Welten Ende,
Denn im Hier und Jetzt jeder gerne sich befände.
Kann sich verstecken vor dir oder zeigen,
Hinter den Worten die Hörer sich zue-neigen.

VIER PFADE

Das Leben neben dem Beruf und der Berufung
Entdecken und pflegen.

Die Welt hinter den Buchstaben
Genießen und ihr Raum geben.

Die Reise jenseits des Horizonts
Wagen und sich inspirieren lassen.

Der Zugang zum eigenen Ich
Finden und mit anderen eins werden.

Bildinterpretation

Viele Münder, die sich wässrig reden,
Hände, nicht zufassend. Augen, nicht sehend,
Wie er im See ihres Speichels ertrinkt.
Zu viel Gerede rundherum,
Wörterbrei durch Mund bewegt,
Anstatt das offensichtlich Erforderliche zu tun.

Nicht mal beigestanden, ein Mensch verletzt am Boden.
Durch Kommentar und Reden wird nicht geholfen,
Das Notwendige nicht getan.
Die Arbeit wird nicht gesehen,
Der Hilfebedarf nicht erkannt.
Nur die Angst etwas falsch zu machen.

Nur sich selbst helfen, kann weiterbringen.
Aber es fehlt an Aufmerksamkeit,
Die dem Erleben die Schönheit verleiht.
Das Gesehenwerden ohne Verpackung.
Kein Dank, kein Lob, kein Hervorgehebe,
Weil - das fordert wieder Gegenleistung.

Die fast wortlose Aufmerksamkeit,
Das Gefühl von greifbarer Präsenz,
Eine Hand und ein Wissen, was zu tun ist.
Er empört sich, ruft und schreit.
Die Münder tadeln den Ausdruck,
Sehen nicht den Inhalt.

Mit der Widerrede bestraft.
Was nützt das Reden;
Wenn wir nicht einmal verstehen,
Worüber wir uns tagein tagaus unterhalten?

IMPRESSIONS-GENUSS IM MAI

Gelbleuchtendes Rapsfeld
Im abenddämmerigen Sonnenlicht
Von dem sanftkühlen Licht
Wird Körper und Seele aufgetankt,
Bin in das Lichtmeer eingetaucht
Und wie - hypnotisiert.

Darin schwimmend
Strahle ich selbst heraus
Und habe der Nacht
Widerstand angekündigt.
Farbtupfer aus Apfelblüte
Und Fliederbusch.

Das keimende Dezentgrün der Bäume
Rahmt frohsinnend den goldenen See
Der Rapsblütenfelder unterwürfig ein.

Im Dasein schwimmen

Kein Wohin in Sicht.
Ein Daher kaum zu erkennen.
Nur ein Da-Sein.

Dieses nutzen,
Ohne anderen zu schaden,
Beruhigt das Gewissen.

Wäre doch ein Weg,
Der überschaut und daher
Begangen werden könnte!

Wo fliegt
Immer nur meine Rede hin?

WEGBESCHREIBUNG

Beim Voranschreiten nicht auf den Weg achten,
Weil ständig die Hinweisschilder gesucht werden,
Nicht merkend, dass sie im Schilderwald stehen.
Rennen sie wie im Labyrinth von einem zum anderen.

Und große Freude,
Wenn sie ein neues Schild erreicht haben.
Vergessen vor lauter Erreichtem das,
Was nicht erreicht werden kann.

Auf das alle aber immer wieder zusteuern.

IN UNSERER KULTUR

Zusammenfügungen der Geister haben nicht natürlich,
Sondern nach vorgelegten Kalkülen zu erfolgen.
Wohin kann da noch der natürliche Wille?
Er wird eingefangen und von dem Nichts verspeist.

Vom Gärtnern und Dichten

Ist nicht ein Dichten wie das Gestalten eines Gartens,
Durch reines Betrachten und geschicktes Warten,
Ein Pflänzchen zwischen Gehweg, Beet und Rasen,
Wie nach Komma, Punkt und Absatz die passend Phrasen
Auf schönen Anblick und Entzücken vorbereiten
Und in dunklern Zeiten zumindest Vorfreude bereiten?

Zwar ist es übers Jahr viel Müh und Arbeit auch,
Doch füllt nicht selten gute Ernte Gärtners Bauch.
Der Autor immer wieder auf und ab die Zeilen liest,
Den Leser also trunken macht und dessen Seele gießt.
Haben doch beide stets Freude am Gelingen,
Nicht Leid noch Wetter können sie bezwingen.

Sie beackern weiter ihren Boden,
Ob Papier, die Tasten oder Soden.
Der eine vom Blumenduft berauscht,
Der andere freudig seinen Versen lauscht.

ZWEI BÄUME IM GARTEN EDEN

Der Baum des Lebens,
Die Dinge, unvermittelt der Intuition ein Löbnis.
Der Baum der Erkenntnis,
Als Meinung, durch Bewertung nachberechnet.

Die Menschen lebten ohne Deutung,
Aber es ging nicht ohne!
So ward aus allem die Bedeutung,
Der Schöpfung erst zur Krone.

Unfassbares im Treiben

Nicht schlecht noch gut ist die Natur.
Des Menschen Triebe darin klar und pur.
Gleichwohl ich nicht verstehe,
Wenn ich auf mein Treiben sehe.

Kann den Kern der Sache hier nicht teilen,
Nicht wissend, dass bei noch so vielen Zeilen
Ein immerwährend Unverstehen bleibt,
Dem ich dennoch blind bin zugeneigt.

Vor unbenannten Deutungs-Stapeln
Hefte ich die Namenstafeln
An Dinge, die mir entzogen,
Wie unter hohen Meereswogen.

Und doch – ich kanns erfahren
Will ich s nicht bewahren
Durch Greifen in dem Nebelrauche.
Als durch einfach - Eingetauche.

Vom Nahekommen des innerpsychischen Erlebens

1.
Was der andere Mensch fühlt,
was ihn gerade bewegt,
ich kann es nur erschließen,
Mimik und Gestik, die Körperhaltung,
sein Sprechen und Klingen deuten.

2.
Innerpsychisches Erleben am Ausdruck erkennen,
wie aus Erzählungen Bilder entstehen,
die wir aus unseren Erfahrungen kreieren.
Zugleich bleiben sie Wachs in den Händen,
durch Werte zu Bedeutungen uminterpretiert.

3.
Unfassbar zunächst der Sinn und das Meinen,
abstrakt oder wie nebelschwadengetränkt
das Gefühlte im bewussten Akt geknetet,
um wieder in irgendein Bild getaucht,
vom Trüben gewaschen, zu werden.

4.
Routine als eingespielte Regel
weist den Weg zur Lösung hin,
ist Bedeutung dann Hingewiesensein
auf die bekannten Muster,
die finden lassen aus Krisen und Problemen.

5.
Der Profi hat die Pflicht zur Begründung.
Immer wieder muss er entscheiden.
Situationen zuhauf, die Stocken lassen.
Die Wahl für die rechte und gerechte Deutung
kann ihm niemand nehmen.

6.
Argumente setzen sich nicht durch,
erfahren Widerstand und Verzögerung.
Kein Garant ist klares Sprechen;
Denn vor allem Denken steht das Gefühl;
der Kopf hat seine Wurzeln im Bauch.

7.
Sinnlos ist zu hadern,
das ein stetes Ziel verfehlen.
Wir können keine Theorie bestätigen,
sondern nur echt und als immer gültig
das Innere nach Außen bringen.

8.
Uns begegnen die Erzählungen und Phänomene,
die Deutung ist der Vergleich und keine Theorie.
Aber das Erzählte zeigt uns die Muster,
die wir ahnen und erforschen
und wir wissen nicht, ob es einem folgt!

Unser Bewusstsein

Immer -
Ein getäuschtes,
Ein irrendes.
Ein unvollkommenes,
Also ein falsches.
Ist Dieses erkennen -
Ein Weisesein?

Das Leben als Partner

Dem man Vieles unterstellt,
Was er nicht offenbart,
Den ich nicht übersteigen kann,
Weil ich mit ihm zusammenfalle.

Weil ich aus mir selbst
Heraustreten kann.
Gleichwie ich nicht kann
Fallen aus der Welt.

Nur fassen können,
Was innerhalb der Welt,
Und was in mir zählt und quält.
Alles Übrige Unfasslichem gönnen.

Un-

Unendlichkeit
Unfassbarkeit
Unerreichbarkeit
Unerklärbarkeit
Undeutlichkeit
Undurschaubarkeit
Unverständlichkeit
Unteilbarkeit
Un-sagbarkeit

Diese UNs bleiben uns verborgen.
Hinweise auf etwas über oder unter uns.

ICH SAH EIN ZEICHEN

Keine Deutung wars,
Kein Wie und kein Als ob,
Ein Stück vom Ganzen.
Es konnte nicht ganz,
Darum schickte es das Zeichen
Als einen Teil davon.

Aber ein Zeichen –
Nicht wie wir es kennen.
Da war kein Wie.
Da war kein So.
Ein Teil nur, das frisst.

Nur ich nahm es ernst,
Nur ich nahm es wahr.
Also fraß es mich ganz
Und zuerst.

AUF DIE KNIE GEHEN

Ein Kampf zwischen mir und der Welt
Hat sich in meine Knie geschlichen,
Wo er gleichsam kristalliert.
Der Körper rächt sich
Für die ständige Unruhe
Im Herzen und im Kopf.
Für die Knie ist der Kampf nie vorbei.
Werden alle Reibereien oft auf sie geschoben.

Der Wörter Flucht

Worte sind da um der Gedanken willen.
Wie ein Netz sie die Flüchtigen einfangen.
Hat man sie nun fest vor seiner Brillen,
Sind die Worte wie Tau vergangen.

Wo finde ich den - mir zugewandt,
Dessen Denken mein Inneres entbrannt,
Der die Worte vergisst, gern irgendwann,
So dass ich mit ihm reden kann.

SCHEIN WAHREN

Selbstbewusstsein - zur Schau gestellt,
Wie Drogenmissbrauch gegen unsere Angst.
Immer aufs Neu diesen Schein bestellt,
Dass niemand merkt, woran du krankst.

Bescheidenheit und Erkennen hingegen
Können auch bewegen
Und ahnen lassen,
Was vermeintlich Große so verprassen.

DER SPRUNG IN DEN GLAUBEN

Noch vor dem Sprung in neue Zonen,
Die Absprungstelle untersuchen;
Denn es könnt sich lohnen,
Im Hier und Jetzt Gesuchtes zu verbuchen.

Die Tiefe nach dem Sprung mag überraschen
Und führt also nicht nach oben.
Kann ich nicht neues Glück erhaschen,
Sondern lande auf neuen Grund am Boden.

Muß dort mich reinversenken
An nichts anderes mehr denken,
Als Fühlen jeden Augenblick
Ohne Gedanken an ein Zurück.

Im Glauben finden – Zuversicht -
Gelingt selbst dem Heilgen nicht.
Der sitzt und tastet rein
In das verdammte Sein.

Findet dort jeden Halt
Ohne unnütze Gewalt.
Ein Wandeln im Gewand der Dinge
Ohne Rumgespringe.

KRIEGSGESCHREI IM NAHEN OSTEN

So glaubensfest sie jeden Satz beginnen:
„Mit Gottes Hilfe" werden wir gewinnen.
Nüchtern nur kann heißen heut und hier:
„Wenn wir Glück haben, dann gewinnen wir!"

Wer nun Gott anruft, um stets zu siegen
Und denkt dabei nur ans Kriegen,
Mag getrost vom Jenseits träumen,
Statt zu denken - und Friedenswelt versäumen.

Wann endlich wird uns Gott enthüllt?
Nicht weiter in Jenseitswolken eingehüllt,
Sondern klar und freundlich im Gesicht,
Schau´n wir hinein in das warme Licht.

VOM ÜBERDAUERN DER LÜGE

Ein Nachjagen unsichtbarer Zieles-Scheiben
Als Er-Fassen-Wollen dieses Jetzt, - will bleiben.
Kann ich Dasein und sein Wirken tragen?
Mehr noch in Richtung vor mir wagen?

Kann kaum die Lebensringe fassen,
Tiefste Ruhe spürbar werden lassen.
Schweben wie nach Glücksverzehr
Zwischen Grund und Oben im Sprachenmeer.

Laute, Zeichen und inn`re Stimme – ein Verheißen,
Nicht ist Wahrheit oder Lüge zu beweisen.
Denn auch die Lüge voller Wahr-gehalt,
Sie dem Todesziel allem Gelebten nach-geschallt.

Wenn es stimmt

Wenn es stimmt,
dass wir Menschen uns nie gegenseitig als Objekte
betrachten
oder gar - wie schon Kant und Jesus sagten - behandeln
sollen,
sondern stets als Subjekte mit Verstand und Gefühlen,
dann sind Menschen keine Dinge oder Gegenstände,
sondern lebende Wesen, die eine Würde haben.

Wenn es stimmt,
dass Menschen sich gegenseitig
nicht wie Ware behandeln sollen,
dann darf mit und um den Menschen
nicht gehandelt werden
wie auf einem Markt.

Wenn es stimmt,
dass wir Menschen keinen Warenwert haben,
dann ist unser Los nicht, das es zu kaufen gibt,
sondern ohne Preisschild,
weil es keinen Preis hat.

Wenn es stimmt,
dass zwischen Menschen etwas anderes gilt
als Ergebnis, Leistung und Effizienz,
dann muss es Liebe sein,
die keine Zahlen kennt.

WENN es stimmt!

KEIN HALTEN IM JETZT

Zwischen den Extrempolen von totaler Erfassung der Welt,
Einem Festhalten fragwürdiger Daten und Zahlen in Form
von Geld
auf dem anderen Pol, dem Nichts, schwankt das Wort
wie zwischen zwei unbekannten Grenzwerten ohne festen
Ort.

Die Gemeinschaft handelnder Menschen Geist hervorbringt
als Wort, das zwischen Nichts und Welt um ein Nahsein
ringt.
Ein Wirken des Wortes aus dem Nichts geboren,
unfaßbar geht es wie im Schwarzen Loch verloren.

Das Fließen rundherum nicht greifen kann,
hält der Schreibende den Augenblick im Bann.
Doch unhaltbar dieser Blick im Nu – ein wertlos Ding,
das mit allem verschlungen und verflochten hing.

Hält so fließend sich wohl aufrecht und stabil,
findet dennoch im Labyrinthischen nicht ein Ziel.
Solch Verwirrendes vermag den Berechner nicht zu hindern
beide können den Schmerz von Unwissenheit nicht lindern.

So fasst auch der Tod das Leben nicht.
Das Endliche gibt nicht dem Unendlichen Licht.
ist dem Tod kein Einhalt bieten,
werden die Gelebten nicht zu Nieten.

Ruhe vor dem Ballast der Welt

Verfolgten mich einst die Ungereimtheiten der Welt,
Kann ich auch abstreifen alle Widersprüche
Und endlich ein Empfinden von Leere neu spüren,
Es heben sich alle Bedrängnisse auf.

Nun erst kann ich das Leben an- und mitnehmen,
In seinem pulsierenden Kreislauf mitschwingen,
Die unendliche Verschlungenheit und Vernetzung
Irgendwie als Vollkommenes wahr-nehmen.'

Wie das Abstreifen der Kleidung vor dem Bade -
Fühle ich mich frei von den Prägungen des Lebenslaufs.
Nichts gibt es dann mehr, das sich festzuhalten lohnte.
Ein Schwimmen im See, der hat einen Grund.

Nur noch das Unsagbare und Mystische,
Verborgen im Wirrknäuel des Jetzt,
Schillert durch die Geschichte und das Leben
Wie der Kern unserer Mythen hindurch.

Ein Jenseitiges eingeschlossen im Diesseits
Finde ich Ruhe vor dem Ballast der Welt.
Tragbar wird mir und Neugier gewinnt,
Fließt Unbegreifliches wie Wasser den Gliedern entlang.

SISYPHOS

Der Mensch, der niemals ankommt.
Dessen Stein nicht aufs Neu hinunterrollt.
Sisyphos, der nicht erneut – es wollt.
Den Gipfel nicht zu sehn bekommt.

Im unentwirrbaren Sprachenwust jedes Bild vermatscht.
Immer weiter hinauf, die Luft wird dünner.
So muss er zurück, auf den nackten Fels geklatscht.
Wissend, - Erklimmen wird er nimmer.

Mit Theodor Storm in Büchern schwimmen

Nicht ein Erleben, nicht das Pausenlos-Auf-Regende,
Sondern das Entdecken, Lesen, Zu-Hören,
Das Irgendwo-Passierte, dass Interessant-Aufregende
Als Stoff und Inhalt für die Bild-Gebung.

Das, wo man selbst nicht hinkommen kann,
Das Dunkle, Nebelhafte ...
Aber auch ein wenig Dechiffrierarbeit,
Die Ecken abzustecken.

Überwindung

Hieroglyphen, Orakel, Labyrinthe,
Dschungel, Lüge und Tücke und List,
Geheimnisse, Traum und Unbewusstes,
Attrappen, Kulissen und Wände
Sind immer neu und zu entdecken.
Das kostet nicht nur mich
Mut und - Überwindung.

KRITIK DER VERSTÄNDIGUNGSVERHÄLTNISSE

Die einen sprechen von Zielen.
Die anderen sind auf dem Weg.
Zum ersten gehören die vielen,
Die wandeln auf dem Steg.

Die zweiten sind eher selten.
Und wissen nichts vom Selbst.
Die leben in den Welten
So wie du sie hingestellt.

Sie reden zueinander vom Gebiet,
Doch sprechen sie in einem Rahmen,
Der hart ist wie Granit,
Wo die Schritte kommen zum Erlahmen.

Zueinanderfinden auf der Strecke bleibt,
Darum in ihrem sprachgefüllten Leben
Wort an Wort sich zahllos reiht.
Wird so Einigsein ans Nichts vergeben.

Kann es ohne Wort gelingen,
Erfolge ohne Ziele zu erringen.
Sich einfach an den Händen fassen,
Den Weltenlauf so zu belassen.

Das Feuer des Vertrauens kann die Menschen wärmen.
Eröffnet ihnen viele Möglichkeiten.
Menschen müssen sich aufeinander verlassen können.
Es ist wie Dünger, der Vertrauen wachsen lässt
Oder wie Brennholz, das wärmen kann.

Für das Feuer des Vertrauens braucht es das Brennholz der Zuverlässigkeit.
Zuverlässigkeit wächst auf dem Boden von Verabredungen.
Abmachungen, Regeln und Gebote sind wie das Geäst des Baumes.
Das Feuer des Vertrauens kann nur brennen, solange es Nahrung erhält.

Die Brennmaterialien müssen Menschen anbauen, pflegen und ernten.
Zuverlässigkeit ist also Arbeit.
Der Boden für Vertrauen muss gepflegt und ständig bearbeitet werden.
Darum sind einvernehmliche Regeln der Kitt jeder Gesellschaft.

Viele Menschen vergessen, dass nichts ohne ein Verlassen aufeinander gelingen kann.
Die Besorgung und Beschaffung von Brennholz erfordert also Disziplin und Selbstlosigkeit.

Wenn Menschen die Gewissheit spüren können, dass für sie
gesorgt ist,
Auch wenn sie minderwertiges Brennholz sind,
Dann werden sie empfangene Wärme zurückgeben können.

Der Baum kennt keine Missgunst, daher wächst er frei und
ohne Schuld.
Nur der Mensch neidet und wird dadurch schuldig.
Zuverlässig sein heißt, sich an Abmachungen und Regeln zu
halten.
Manchmal haben Verabredungen oder Verträge keinen ge-
sunden Boden.

ORGANBEFUND

Mein Kopf ist voll der Fülle,
Nur dem Verstande eine Hülle,
Die begriffen in der Hirnesmasse
Kämpfet mit allzu vielen Reizen,
Die nicht sich lassen einfach so abweisen,
Dass etwa mein Geist sie logisch fasse.

Mein Herz hängt an vielen Dingen,
Und möcht so gern davon dem Ohre singen.
Doch das Hören findet keine Töne,
Da nebenher ein Klang im Raume
Nicht trennen lässt vom Traume
Und nicht das Liebste meiner Brust verwöhne.

Da liegt mir schwer im Magen
Der Alltags-Stress, den muss ich tragen.
Der Hunger nach den süßen Früchten
Kann ich nicht immer stillen;
Es liegt an meinem Willen,
Muss ihn schon sehr lange züchten.

Mein Bauch spricht zu mir ganz, ganz leise,
Weiß ich doch, er ist sehr weise.
Gefüllt von täglich neu Erfahren,
Will er gern mal vorher fühlen,
Wo dunkle Mächte an den Eingeweiden wühlen,
Sich am Ende andern Sinnen offenbaren.

Meine Augen offen und nach außen sehen,
Können leider nicht nach innen gehen.
Immer wieder voller Täuschung
Schaue ich in eine Richtung,
Erfüllen mag mich vielmehr - Dichtung
Als gelenktes Bild, das in Erzeugung.

Die Ohren ganz so ohne Schutzeswall
Ertragen nicht den Ur-geknall.
Wünschen nicht, dass man betrüge.
Filtern nicht all jene Klänge
Herausposaunt von großer Menge,
Die entpuppen sich mir oft zu spät als Lüge.

Mir stinkt so vieles bis zum Himmel
Vor mir ein argloses Gewimmel.
Der Ärger kann sich nicht verkriechen.
Nur selten dem Freunde ein Genuss,
Dass er es dulden muss.
Der Nase ist der Geruch sehr oft ein Miefen.

Meine Hände wägen, was ich kann
Und ich stehe meinen Mann.
Doch nicht Können und Geschick
Bilden meine Finger dann die Faust
Oder schaffen fleißig Werk und Haus,
Als zu streben nach der Menschen-Glück.

Meine Beine früh und spät versagen
Darum will ich nicht klagen.
Fehlt die Kraft und Order von ganz oben,
Hilft bald einer wieder auf aus Liebe,
Die braucht der Mensch stets im Getriebe.
Und nur dafür kann man ihn loben.

Der Gutmensch

Empathisch und teamfähig,
fair, gerecht und ehrlich,
löst er Konflikt
und Konsens mehrt sich.

Vielseitig und breit interessiert,
umfassend gebildet, immer ein Buch dabei,
schaut er arte statt eR-Te-eL zwei.

Im Netz stets sachlich und sozial orientiert,
zeigt er sich umwelt- oder linkspolitisch engagiert,
ohne dass er sich in Endlos-Diskussionen verliert.

Spendet für Greenpeace oder
ist im Verein, dem Ehrenamt bereit,
was ihm Erfüllung und Ansehen verleiht.

Als konfessionsloser Vegetarier zu Sünden bereit,
ist er sportlich aktiv, eher schlank und tolerant,
kauft fair-trade und hat keinerlei Plastik im Schrank.

Wählt Piraten, Grüne, Linke oder mal SPD,
zwei bis drei Kinder, verheiratet und treu
sucht er Kultur und marschiert auf Demos aufs Neu.

Kauft das Gemüse und Obst auf dem Wochenmarkt,
fährt Rad und Bus oder Bahn,
ihn verführt kein Kaufrausch-Wahn.

Trennt Müll und grillt mit Gas statt Kohle,
war Pfadfinder und bei der Jugendfeuerwehr,
und befürwortet freiwilliges und soziales Jahr gar sehr.

Sein IQ ist auf einer Steigerungsleiter,
liebt Musik von Bach bis Ed Sheeran,
und weint nicht beim Verlieren.

Kein Ding ist ohne Interesse,
für Minimalismus und Grundeinkommen,
da hat er sich viel vorgenommen.

Nirgendwo so richtig eingefasst:
Was macht ihn den Rechten und Neoliberalen verhasst?
Dass er auch noch Verse verfasst!

FÜR NICHTS

Gott ist ein Name für das Nichts,
Das uns erwartet am Ende des Lichts.
Etwas tun und geben ohne jegliche Bedingung,
Kein Gegenleisten im Schoße der Erzwingung.

Ein freies Tun und Handeln im Umgetriebe
Ist ganz simpel - und direkt - die wahre Liebe.
Tröstlich ist, dies zu erwarten ohne Eile,
Hingeworfen dem Spiel aus Leid und langer Weile.

Wohl nie mehr uns einander küssen,
Aber auch nie mehr schwitzen müssen.
Leer gekommen und gegangen
Werden wir vom All empfangen.

WERTEVERFALL

Nicht das Weiterdenken,
Was offenkundig scheint!
Die Schere zwischen arm und reich
Ist vordergründig keine Frage mehr
Von vermögend oder nicht!

Aber die Eindimensionalität unserer Gesellschaft
Ist realer denn je und hat fast unbemerkt
Härter zugeschlagen
Als Herbert Marcuse nur erahnen konnte.
Nicht materielle Not bricht uns,
Sondern die ungerechte, unbillige Verteilung
Des Vermögens einer reichen Gesellschaft!

Die Eindimensionalität greift so weit,
Dass nicht einmal die Weltwirtschaftskrise 2008
Uns die Augen öffnet.

PFLEGE AM BODEN 2017

Mutig sind sie - die letzten Pflegekräfte
Ohne Lobby und ohne starke Mächte.

Vielleicht noch ein letztes Mal,
kommen sie raus - so vor der Wahl.

Für zehn Minuten auf den Boden gehts hinaus
Der Politik zu zeigen, helft uns auf!

Sonst droht uns allen - ihr glaubt es nicht?
Eine Versorgungs-Katastrophe - sicherlich!

Denn zum Pflegen geht bald niemand mehr.
So kommt nun aller her!

Zeigt den Pflegern bundesweit,
Dass Ihr mit Ihnen verbunden seid.

Ein wenig Beistand und auch Solidarität
Falls man selbst zum Pflegefall gerät!

Es be-drückt

Es bedrückt mich.
Es drückt mich.
Druck von allen Seiten.
Wer mag das all verbreiten?

Es rückt mich in die Ecke.
Entspiegelt ohne Rückensicht.
Bleib ich auf der Strecke.
Da heraus gibt es kein Ausrücken.

Denn es fehlt an Rücksicht.
Bedrückt zu sein ist ohne Umsicht!

Vor mir seh´ ich die Bedrückung.
Kein Vor-, kein Nach-,
und auch kein Wegrücken.
Also kein Verrücken.

Entrücktsein´
Entzücktsein

Verrücktsein
Geglücktsein

SMARTPHONE

Vorngebeugt den Kopf zum Text ablesen,
Die Haltung brennt sich ein in Geistes Wesen.
Den Daumen auf einer glatten Tanzesfläche
Dem Hirn presset seine Synapsis-Spuren
Beiwerk nur dem Ohr und Uhren.
Und zahlt anders dafür seine Zeche.

Bilder laufend und in Stille
Zwang manch Geneigten zu der Pille
Dem Kopf und Nacken zum Entspannen
Die Seele kann es nicht entflammen.
Aus der Haltung nicht leicht rauszufinden
Muss sich spät folgend weiter schinden.

Gefesselt ist des Blickes Richtung
Vergessen rundum Welten zur Vernichtung.
Der Worte Flug nur in dem Daumenwechsel
Gar unverständlich oft der Leut Getextel.
Begegnen ihnen alt und neu Gesichter
Wird ihr Blick selten nur noch - lichter.

Vergeben ständig aus des Lebens Fülle Chancen
Machen nicht sich selbst oder anderen Avancen.
So wird aus solch vorngebeugter Haltung
Dem Menschen die ihn prägende Verwaltung.
Vertraut ist nicht mehr, was uns so nahe,
sondern das, was auf uns als Kunde warte.

Zeitfresser zudem und der Aufmerksamkeiten Killer
Wird's um Dich bald immer stiller.
Eindringen die Botschaften in alle Zimmer
Ein stetig Blink- und Kling-Geschimmer.
Hand, Nacken, Schulter und der Geist betroffen,
Ein Da- und Nahsein im falschen Licht ersoffen.

Berührung nur kalt an Fingerspitzen
Kann keine Wärme mehr verspritzen,
Die eine herzliche Umarmung hat.
Immer weiter voneinander fortgebracht.

KRANKENLICHT

Ein Licht, das trübe Augen klärt,
Ist nicht in Sicht für den Erkrankten.
Hoffend bleibt und nur kann danken,
Wer es gern sähe an Heimes Herd.

WO FREIES SEIN BEGINNT

Wirklich frei ist der Mensch,
Wenn er nicht mehr arbeiten muss,
Um leben zu können.
Ein freies Leben ist frei vom Müssen
Und dennoch reich an Arbeit.

Bindung

Außer mir gelegen wie ein Fels,
Größer und noch mächtiger als ich selbst,
Bin ich zugleich darin befangen,
Gleichwohl beteiligt und auch frei.
Machen mich die Fesseln bangen?
Nein – es ist letztlich einerlei.

Ich kann da-rein geben, was bestellt.
Und doch etwas nehmen, das gefällt.
Sei es nun Staat, Verein oder Familie,
Sie sind, die ich kann begreifen.
Es ist wie in einem Spiele:
Ich kann darin nur reifen.

Sieh in mir den Alten,
Der noch kann gestalten.
Sieh in mir ein Erbe,
Das gewandelt auf der Erde.

Sehe ich ein Stück von dir
Wiederkehrend auch in mir?
Im Enkel gar sehr deutlich,
Einzig nur hin und durch dich.

Konnt ich alles geben,
Was du brauchst zum Leben?
Ich werd es nicht erfahren.
Drum schreib ich hoch an Jahren.

Bleib treu dem Streben nach dem Guten,
Denn es bleibt stets nur zu vermuten,
Dass kein Weg erfolgreich ist,
Wenn du nicht am Suchen bist.

Nicht allein und stets unter Kontrolle
Findest du die rechte Rolle.
Vielmehr solltest du drauf bauen,
Es zu finden im Vertrauen.

Pflanz es ein in deiner Kinder Herzen,
Mal in Freude und im Scherzen,
Noch mehr im reichlich Geben
Wird liebevoll gereicht der Segen.

Gemeinsam Sport gucken und der Torschrei
Badenden und Paddlern am Fluss zuschauen
Das sich fallen lassende Kraulen im Hallenbad
Ungeteilte Aufmerksamkeit während eines Vortrags

Lob und positives Feedback
Aufmerksamkeit und Lächeln eines Kindes
Spontane Freude über einen guten Lösungsvorschlag
Das Baden im Gesicht einer schönen Frau

Gegenseitige Begeisterung in einem anregenden Gespräch
Die Vorstellung vollkommener, finanzieller Unabhängigkeit
Das kurzweilige Lesen in einem guten Buch
Das Gestreicheltwerden in den Handinnenflächen

Das Trinken der frischen, kalten Mich aus der Milchkanne
Der Geruch von Kartoffelpuffern aus Mutters Küche
Der morgendliche Geruch frisch gebrühten Kaffees
Das Schwimmen bei spätabendlicher Sommerhitze im See

Spontanes Lachen auf eine Bemerkung

Entweder:
Viel Geld gewinnen, dann alles hinschmeißen
und durch die Welt trampen.

Oder:
Eine Stiftung gründen und soziale Projekte fördern.
Oder:
Dänisch lernen und auswandern!

Oder:
Eine Eingebung bekommen und spannende Romane
schreiben.

Oder:
Das Volk zur nächsten Wahl hypnotisieren
und Richard David Precht zum Bundeskanzler machen.

Der mit den Grünen alternative Energien fördert
und mit den Linken alle Banker zum Teufel jagt.
Der Menschen mit einem sehr hohen Jahreseinkommen
dazu „motiviert",

vorbehaltlos dafür Sorge zu tragen,
dass jedermann ein bedingungsloses Grundeinkommen
erhält.

Nebelwirkung auf dem Weg ins Dorf

Langsam schlich sich Nebel über die Wiesen heran und pulste unmerklich seine mehligen Schwaden in die Nacht und degradierte die Bäume zu Utensilien einer Waschküche, ja verwusch sogar das Licht der Laterne zu gelblichem Brei. Als einsame Zeugen, von festem Grund, blähten sich die Büsche aus dieser weißlich halbdunklen Sumpfigkeit, der sie sich mehr und mehr ergaben. So lag das Dorf im flaumigen Tau als er aus dem Wald trat und den Hügel über den Wanderweg hinabstieg. Die Dorfwiesen an den Seiten hauchten ihm das fauchige Getröpfel entgegen, als ob sie ihm den Blick nehmen wollten, den er durch die Schwaden hindurch, bohrend auf den Kirchturm heftete. Noch ging es abwärts, als er an einer breiten Teerstraße anlangte. Hier musste irgendwo ein Gasthaus zu finden sein. Wohnhäuser rechts, links machte die Straße eine Rechtsbiegung, so dass sie nicht weiter einzusehen war.

Abgehackte Tannenzweige auf schneebedecktem Boden, darunter nur irgendeine schützenswerte Pflanze zu erahnen, überspannten die Beete einiger Vorgärten. Er folgte der Biegung und sah die Tankstelle. Noch geschlossen am frühen Sonntagmorgen, ließ er auch sie auf seiner Wanderung rechts liegen, brauchte nichts, und erreichte schließlich die Kirche im Ortskern. Es war noch immer kalt und sein Atem warf ebenfalls Nebulöses aus, als er durch das große Portal eintrat. Kerzen schimmerten im Seitenflügel. Eine geheimnisheischende Düsternis klammerte ihn ein und er fühlte sich falsch am Ort. Der Prunk um den Altar und an den Säulen erschien fehl am Platze, gleichwohl ein Hingucken erzwingend. Nicht lange ertrug er die Stille und die unnütze Höhe des Raumes und so verließ er die Kirche, bereit zum Weiterwandern.

Nicht bleiben kann er hier, wo so vieles ist im Unklaren.
Nicht treten auf der Stelle, sondern laufen bis zum Meer, wo
zumindest Rauschen war...

GEISTESGENESIS

Der Entstehungsort des Geistes
Ist das Werden einer gemeinsamen Sprache.
Ein außen Entstandenes wird
Verwertbar dem Inneren.

Erst mit dem Geldeshandel und seinem Zins
Wird der Geist mit Fleisch behängt,
So dass bald die Fliegen kommen,
Um anderes noch zu vermehren.

Frei im Denken

Eigenes Denken wegstecken
Und der Konvention folgen,
Darin und auf den Erwartungen schwimmen,
Wie Öltropfen im Wasser.

Zufall

Es fällt etwas zu.
Aber nur da,
Wo man
Unten ist.

Glauben heisst

Glauben ist,
Sich und seiner Selbst
Nicht sicher sein!

ANKOMMEN

Wer systematisch arbeitet,
Kommt eher ans Ziel.
Aber ist er damit
Weiter gekommen?

ÜBERFLUTENDES LICHT

Müde der vielen verbrauchten Formen,
Überdrüssig der gebrauchten Normen,
Ist Schweigen der einzige Weg zu sich,
Zum Erwachen im alles überflutendem Licht.

Die Verstocktheit hat in die Finsternis geführt.
Da schläfts sich völlig ungerührt.

LIST

List und nicht Vernunft
Beherrscht unser Leben und Denken.
Sie ist der Sündenfall.

Lust am Feilschen,
Sich nach dem Handel Hände reiben.
Wir können nicht davor zurück.
Dadurch lebt und krankt
Unser Geist!

SPÜLWASSER DER SPRACHE

Ordnung schaffen
Mit dem Spülwasser der Sprache.
Dreckiges Geschirr ist die Unordnung
Abgewaschenes Geschirr der Weg zur Ordnung.
Wie das Spülwasser ist aber unsere Sprache dreckig.
Dennoch bekommen wir damit das Geschirr sauber.

HOHLES ICH

Kann mich selbst nicht mehr be-merken.
Ein Gefühl von Un-Wichtigkeit.
Warum sollte ich von Be-Deutung
Für andere sein?

Bin mir selbst abhanden gekommen.
Mag auch nicht nach mir suchen,
Denn Finden könnte schrecklich sein!

Fände ich, wäre es der Verwertbarkeit bar
Und hülfe nicht mir,
Der die Hilfe im Zweckfreien sucht.

WIND

Einmal Wind in die Segel bekommen.
Für ein Vorankommen der Person,
Doch der Wind wurde ins Weltall geblasen,
Wo er seine Segel vergeblich sucht!

Wind bekommen
Zeit verronnen.

GETRIEBEN

Woher
Ich getrieben werde,
dagegen gibt es kein Wehren.

Wohin
Ich treiben will,
Das kann ich bestimmen.

Gegen
Den Strom sogar
Kann ich steuern.

Bis
Meine Kräfte erlahmen,
Ein stetes Kämpfen.

Will
Ich leben und gerecht sein,
Muss ich auf die Strömung achten

Triebe,
Natur und Vernunft
Lassen Entscheidung zu.

GERECHTE WELT VOR DEM TOD

Können wir wissen, ob wir auch als Reiche
Nach dem Tod nicht schon bald
Arm wieder geboren werden?
Nein!

Das sollte, aber ist es nicht,
Warnung genug sein –
Oder nicht?

MIT DEM GLAUBEN

Mit dem Glauben ist es wie mit dem Lösen eines Rätsels.
Man muss manchmal aus dem Denkkäfig ausbrechen,
um eine Lösung zu sehen.
Aber damit wird die Lösung das Erstrebenswerte.
Nicht das Geglaubte.

Sich immer wieder auf den anderen verlassen zu können,
nennt der Mensch „Vertrauen".
Der Christ nennt es „Liebe, Glaube, Hoffnung".
Und wird das Vertrauen enttäuscht,
hilft ihm - wenn es darauf ankommt - keine Kontrolle,
da es nie und nirgends endgültige Gewissheit gibt.
Es bleibt dennoch die Hoffnung,
und wer liebt, der kann auch glauben und vertraut auf den
anderen.

Glauben ist mitten in unserem Leben
und nicht allein eine Frage religiöser Bekundung.
Es - das Glauben - ist immer mitten unter uns.
Nur - wir erkennen es nicht immer als solches.
Überall erleben wir Glauben als - Vertrauen, Liebe,
Hoffnung!

Es ist nicht ein Gott,
es ist nicht ein Dogma,
es ist nicht eine Gewissheit
oder ein Sprung oder Wagnis.

Ein Glaube steht täglich,
ja eigentlich immerfort zwischen Menschen,
die sich auf-einander einlassen, vertrauen.
Man muss sich verlassen können.
Verlassen können, dass das Band zwischen uns nicht
zerreißt.
Und dennoch gibt es da nie Gewissheit.
Es bleibt ein blindes Vertrauen, dass das Erwartete
und nicht etwas Unvorhersehbares eintritt.

Und immer wieder werden wir im menschlichen Leben
mit solchen Erfahrungen von erfüllten Erwartungen belohnt.
Das schafft Zuversicht, stärkt die Liebe
und befördert die Lust auf neue Taten,
motiviert zum Handeln im Vertrauen.

Religiöse Gefühle sind etwas anderes.
Der Glaube lebt im Zusammenleben der Menschen
und ist nicht ein Gebot,
sondern immerwährende Realität fühlender und denkender
Menschen,
denen ein „Glaubensgefühl" Elixier und Bereicherung ist.

Neue Wege – ein Lehrstück

Ein Mann kann seiner langjährigen Lebensgefährtin nicht das geben, was sie braucht und was die Beziehung glücklich machen würde. Und so musste es irgendwann dazu kommen, dass sie ihre Blicke in andere Richtungen richtete.

Die Unglückliche – auf der Suche nach dem Glück – verführt nun einen der besten Freunde des Mannes und entdeckt in dieser Beziehung neue Seiten ihres Lebens.

Der Verführte wiederum bemerkt nun seinerseits eine Veränderung in seinem Gefühlsleben durch diesen Austausch.

Die Frau in ihrem Bedürfnis nach Mitteilung findet einen guten und verständnisvollen Zuhörer; der Freund - in seinem Bedürfnis nach Abwechslung - findet eine attraktive, dem unbewussten Wunsch nach neuen Herausforderungen entsprechende Bereicherung.

Das Ergebnis dieses von starken Gefühlen beherrschten und vom Reiz des Verbotenen begleiteten, neuen Lebens ist, dass dem Freund klar wird, dass auch in seiner langjährigen Beziehung das Salz in der Suppe fehlt. Durch den regen Austausch mit der anderen Frau wird ihm deutlich, dass seine Lebensgefährtin nicht die ist, die er braucht, um glücklich zu werden. Geahnt hatte er das schon lange, deswegen fiel die Verführung leicht, aber auf Grund seiner Ehrlichkeit und Loyalität konnte er dazu bisher nicht stehen.

In dieser unhaltbaren und wenig aussichtsreichen Beziehungskonstellation muss also früher oder später eine Entscheidung her. Darüber wird lange gesprochen und wegen der möglichen Konsequenzen wird die Entscheidung lange herausgeschoben. Aber man kann es auf Dauer nicht verbergen. Man kann sich für oder gegen etwas entscheiden, aber wenn man sich nicht entscheidet, entscheiden andere über einen. Soweit darf es nicht kommen.

Und da wagt der Freund etwas, wozu nur wenige den Mut aufbringen. Ebensolchen Mut hat auch die Frau. Beide teilen fast zeitgleich ihren Partnern mit, dass sie sie verlassen wollen. Und da sie von Natur aus gut erzogen und ehrlich sind und es eh später nicht zu verheimlichen sein wird, beichten sie auch ihr Verhältnis.

Er findet für seine Entscheidung, die er als Lösung des Problems sieht, Rückhalt bei seiner Familie und den besten Freunden. Sie aber – ganz Frau – muss darüber noch weiterreden (simsen), weil jetzt ja erst neue Probleme entstehen und Zweifel aufkommen.

Er: „Mund abwischen, weiter machen, nach vorne denken"! also Lösungen suchen.

Sie: Das Geschehene immer wieder neu analysieren, Fehler entdecken, Schuldfrage klären.

Das Umfeld beider sieht in ihm denjenigen, der dem Mann die Frau ausgespannt hat und gleich zwei scheinbar funktionierende Beziehungen zerstört hat. Und nun wird es tragisch: Auch er sieht es entsprechend der Konventionen so.

Sie – unsicher geworden, weil sie nun weitere Schritte nicht nur denken, sondern planen muss und weil sie Schuldgefühle plagen und das Mitleid sie im Griff hält - zieht ihre Entscheidung in Zweifel.

Er – nun gänzlich am Boden zerstört – weiß, er kann gar nicht zurück, zumal er durch dieses Abenteuer gemerkt hat, dass es nicht die richtige Beziehung zu der bisherigen Lebensgefährtin ist und er für sein Leben neue Herausforderungen braucht wie die Luft zum Atmen.

Leider kann er sich aber nicht in seinem derzeitigen Job ganz abnabeln, weil sein Freund, ihm fast täglich begegnet. Der große, gemeinsame Freundeskreis ist ebenfalls zugestellt.

Am Ende ist also er derjenige, der das größte Opfer bringt, zumal alle Welt in ihm den Hauptschuldigen sieht.

Allerdings wird dabei die Entstehungsgeschichte falsch interpretiert. Was war der ursprüngliche Anlass für diese Entwicklung?

Wenn man da noch mal genauer zurückschaut, sieht man, wer Opfer und wer Täter ist?

Der Mann, der sich auf das Abenteuer einließ, hat damit viel in seinem Leben gelernt und damit gewonnen. Die Geschichte hat ihn davor bewahrt, eine eigentlich unglückliche Beziehung zu einem Dauerzustand werden zu lassen, dessen wahren Inhalt er nie wirklich verstanden hätte. So hätte er schließlich ein Leben verbracht, das arm an echten Begegnungen, Erfahrungen und Möglichkeiten geblieben wäre, ein Leben, dessen eigentliches Unglück ihm nie bewusst geworden wäre.

Ich bin dankbar, dass dies Unglück ihm einen neuen Weg zeigen wird.

KOCHLÖFFEL

Immer, wenn ich dieses Wort höre oder lese oder einen
Kochlöffel sehe, denke ich weniger an Kochen als vielmehr
an die Szenen, wo ein fünf, sechs oder siebenjähriger Ben-
gel vor der Mutter flüchtet, die ihn, den Kochlöffel in der
Hand schwingend, dann doch endlich gepackt hat. „Hände
weg!" ruft sie, der Junge auf ihrem Oberschenkel, also übers
Knie gelegt, und nachdem der Kochlöffel ein, zwei Mal auf
den kleinen Händchen des Burschen zuckte, tanzt der nun
auf und nieder auf die kurze Lederhose über das Hinterteil.
Manchmal erwischt er auch den Oberschenkel und manch-
mal wird gar die Hose herabgelassen. Und glaubt ja nicht,
dass es auf der Lederhose weniger schmerzhaft sei, nein
beinah wie ein Transformator treibt sie ebenso den Schmerz
zum Hirn. Keine schönen Erinnerungen aus Vorschul- und
Grundschulzeiten. Seltsam nur, dass die Szenen noch in
meinem Gedächtnis, der Anlass aber nimmer mehr ist. In
ein Restaurant der Kette „Kochlöffel" bin ich seltsamerweise
nie eingekehrt.

GEBOT-SCHAFTEN

1. Die Natur ist schützenswert.
2. Das Gute erkennen und wertschätzen.
3. Nach dem Richtigen und Guten streben.
4. Geschenktes Leben verpflichtet,
   die Talente zu entwickeln.
5. Jedes Leben ist wertvoll.
6. Wir können uns vertrauen.
7. Wir können nichts mit in den Tod nehmen.
8. Schlecht reden über andere, schadet uns selbst.
9. Dem anderen alles lassen können.
10. Nichts Dinghaftes kann uns bereichern.

DIE SCHWEINE AUF DEM MARKT

Papa, was ist ein Mensch wert?
Das kann man nicht sagen.
Den Wert des Menschen kann man nicht bestimmen.
Aber alles wird doch gemessen?!

STACHELBEERVERKAUF

Mein Vater oftmals gut gelaunt,
Hat, dass man staunt, gar nicht verlegen,
Die Stachelbeer als Weintraube verkauft.
Es sei nur ein Rasieren der Stacheln not,
So kann es keinen Zweifel geben,
Dass der Kunde diese Ware lobt.

Ich: Jakob, du warst ja mit Papa im Zirkus (Roncalli)!
Enkel (2 ½): Ja!
Ich: Wie wars denn?
Enkel: Gut!
(Er musste 20 Minuten früher raus, weil er es nicht mehr ertragen konnte, dass der kleine Clown den Großen so hartnäckig geärgert hatte.)
Ich: Waren da Clowns?
Enkel: Ja!
Ich: Und was noch?
Enkel: Nackte Frauen.

Schon während dem anschließenden, brüllenden Gelächter meinerseits mit Beinahe-Unfall schenkt er mir dann noch ein unwissendes Lächeln!

Bonus-Material:

Ein kleiner Rückblick auf Teile meines politischen Mit-ErLebens

- Zwischen 1969 und 2019

Hinter dem „Wirtschaftswunder" der 50er und 60er Jahre versteckt, durchwirkte ein im Nazi-Deutschland erzogener Geist weiter in den Köpfen der Menschen und trieb sein Unwesen in den Institutionen der beiden deutschen Staaten. Diesen Geist bekam ich gelegentlich in Schule, Ferienheim oder Ortskneipe zu spüren!

Gerade aufs Gymnasium gekommen, gab es erste Demonstrationen gegen Vietnam, etc. Sogar wir Unterstufenkinder der 5. und 6. Klasse marschierten einmal mit und skandierten „Dubczek, Swoboda, Dubczek, Swoboda!" oder „Ho, Ho, Ho Chi Mingh"! Ich war 12 Jahre alt im Jahre 1969. Und es war wohl wie ein erster Befreiungsschlag der Nachkriegsgenerationen. Die Töchter und Söhne der in diesem Geist Aufgewachsenen spürten hinter der Sprachlosigkeit und Fassade ihrer Eltern und Lehrer dieses unbegreifliche Geschwür, konnten es nicht genau benennen und erfanden schließlich eine neue Sprache. Protest und Widerworte gehörten dazu. Lange Haare, Beat-Musik, Rauchen, kurze Röcke, enge Jeans, allgemeine Freizügigkeit, Auflehnung gegen das Establishment.

Die Jugendlichen wurden von ihren Eltern und der Gesellschaft nicht (mehr) verstanden und überschritten die Grenzen der ungeschriebenen und geschriebenen Regeln. Wie beeindruckt war ich von den Mutigen, die lange Haare trugen oder es wagten, den Lehrern zu widersprechen! Was war das für ein Aufsehen und bei uns Schülern klammheimliche Bewunderung für den Schüler der Oberstufe des

Clemens-August-Gymnasiums, der es gewagt hatte, einen Lehrer, der ihn geohrfeigt hatte, in gleicher Weise zurückzuschlagen!

Die Cloppenburger waren von jeher katholisch, ländlich, konservativ, vom Zentrum zur CDU gewechselt, und fühlten sich unschuldiger als andere, hier weitab vom Nazi-Getriebe in Berlin, München, Nürnberg. Hatten sie doch schon den Nazis an manchen Stellen die Stirn geboten, wenn es zum Beispiel um die „Eliminierung unwerten Lebens" ging, was der katholischen Lehre ja gänzlich widersprach. Der Namensgeber der Schule, „Clemens August Graf von Galen" wurde hier als Zeitzeuge benannt.

Gleichwohl hatten sie den Zeitgeist geatmet und assimiliert.

Öffentlichkeit in Form von Presse und Kulturschaffenden und die studentischen Grenzübertritte lenkten endlich den Blick darauf, was hinter den Kulissen und dem Ablenkschirm des steigenden Wohlstands weiterwirkte: Doppelmoral, Frauenfeindlichkeit, Machtgier und Profitstreben, Fremdenfeindlichkeit, häufig gepaart mit Intoleranz. „Hinter den Talaren, der Muff von tausend Jahren"! Aber auch der Kapitalismus hatte das Dritte Reich überstanden; eigentlich hatte sich nichts wirklich verändert!

Vieles von dem liberalen und progressiven Gedankenreichtum kam in Cloppenburg bei der intellektuell aufgestellten Bürgerschaft verspätet und meist erst über die Medien (Radio, Fernsehen) an, aber traf zu Großteilen auf ihr Verständnis. Aber auch die hinter der Schockstarre des verlorenen Krieges zurückgedrängte oder verdrängte Aufarbeitung dessen, was nach der Weimarer Republik bis 1945 nach außen eingestanden, aber nach innen häufig uneingestanden, geduldet, mitverschuldet oder gar begangen wurde, diese Aufarbeitung fand nicht statt, war Tabu. Fragen dazu wurden umschifft oder lästig bei Seite geschoben; denn es gab viel zu tun. Die Ruinen warteten und der Nachbar hatte sie schon, - die Waschmaschine, das Auto, den Fernseher.

Die Männer blieben verschollen oder getötet oder sie kamen zurück aus dem Krieg, hatten aber nicht die Kraft zum Neulernen, sondern zeigten weiter, ja noch besser, ihr Anpassungstalent. Die Frauen, völlig neu herausgefordert und oft vergewaltigt oder traumatisiert, mussten funktionieren, um zu überleben. Und vor allem die Studenten, die neu lernen mussten, spürten zunächst nur und konnten es in ihrer neuen Sprache zunehmend besser fassen, dass da vieles verschleiert, verklärt oder totgeschwiegen wurde. Aber die Sprache Rudi Dutschkes verstand die Masse nicht!

Demokratie, Toleranz, Streitkultur hatten noch keine festen Wurzeln geschlagen. Erst am Ende der Kette, Anfang der 80er Jahre konnten Kommunikationsforscher wie Paul Watzlawick, Friedrich von Thun und Jürgen Habermas die Rahmenbedingungen der demokratischen Streitkultur freilegen; leider wieder von nur sehr wenigen wirklich verstanden.

Geblendet vom Bild eines vermeintlichen Gegners, dem Bedroher der Freiheit, verortet im Osten, der stets als Schreckgespenst und Looser herhalten musste, aber auch geblendet vom unerschütterlichen **Glauben**, dass nur freies Unternehmertum einen Frieden in Freiheit sichern könne, der wiederum nicht ohne stetig wachsende Produktion und Konsum erhalten werde können, entwickelte sich quasi eine Parallelreligion. (Kritische Theoretiker würden hier eher von Ideologie sprechen, aber ich finde den Begriff „Ersatz- oder Parallelreligion" viel treffender, wenn man sich die dazu gehörigen Rituale und Sprachfiguren genauer anschaut.) Man sah sich als Garant der Freiheit und vor allem erfolgreicher und wirkmächtiger als die „Bolschewisten" im Osten, die mit ihrer Aufrüstung uns immerfort bedrohten.

Wer sich aber bedroht fühlt, spricht nicht, schon gar nicht mit dem „Bedroher", sondern geht selbst in Abwehrhaltung und sucht bei Gelegenheit die Chance zum Kampf.

Im heutigen Rückblick auf diese Zeit um 1969 herum ist es für mich doch erstaunlich, dass es zumindest EINER verstanden hatte, den Protest und das Drängen der gebildeteren Jugend richtig zu deuten und diesem eine neue Sprache zu verleihen, indem er unter anderem dazu aufrief, „mehr Demokratie zu wagen". Willy Brandt machte damit deutlich, dass die Demokratie einerseits noch nicht gut verwurzelt war und andererseits noch nicht die Freiräume nutzte, die es ja gab! Ich hatte als Junge damals das große Glück, ihn zum ersten Mal live in der Markthalle Cloppenburg öffentlich reden zu hören. Mit der Figur Willy Brandts verschmolzen 1969 Dinge wie „soziale Marktwirtschaft" und demokratischer Disput mit Begriffen wie Aussöhnung und Chancengerechtigkeit zu einer neuen Bewegung, die sich insbesondere am Beispiel Emanzipation, Frauenbewegung, Abrüstung und im Rahmen der Kulturschaffenden kristallisierten; denn viele Dichter, Schauspieler und Künstler bekannten sich zu „Willy".

Es war alles in allem eine Zeit mit nach vorne gerichtetem Blick, denn hinten war viel Unheil geschehen. Besonders vom technologischen Fortschritt erhofften sich die Menschen großen Segen. Dieser Fortschritt verhieß nämlich unendliche Möglichkeiten. Nichts schien mehr unmöglich und so wurde auch geworben. Man landete auf dem Mond und überall wurden „Zuwächse" registriert. Die Kurve zeigte stets nach rechts oben.

Zwar traten erste Mahner auf, weniger von links oder aus dem Osten, sondern von Seiten der Wissenschaften und von einigen Soziologen und Philosophen (Adorno, Marcuse, Bloch, Fromm, Jonas, ...). Der Club of Rome sprach von den „Grenzen des Wachstums" und Hoimar von Ditfurth wies bereits 1978 in einer Fernsehsendung darauf hin, dass sich die

Erde, beziehungsweise das Klima, auf Grund des mensch-
lichen Einflusses erwärmen würde! Die Partei der Grünen
fand zunehmend Gehör und Zulauf, weil die hermetischen
Gebäude der SPD trotz widriger, wissenschaftlicher Erkennt-
nisse nicht zulassen konnten, dass einige ihrer Glaubens-
sätze in Frage gestellt wurden. Die „eindimensionale Gesell-
schaft", wie Marcuse sie beschrieb, hatte gewonnen.
Leider versteiften sich die Grünen allzu sehr auf Themen wie
Mülltrennung und Atomausstieg (ich vereinfache hier be-
wusst!) und brauchten sehr lange, um ihr Portfolio zu erwei-
tern, dabei immer auf liberale Grundsatzhaltung bedacht.
Im Nachhinein betrachtet sogar einmal zu weit getrieben,
als man sogar Sex mit Kindern als legitim oder natürlich
deuten wollte.

Eine holistische Sichtweise nahm kaum eine Partei ein. Klar
- sie waren ja auch Parteien; parteiisch, ein Teil, eben. Für
die Demokratie ist solch ein parteiisches, eben ausschließlich
interessengeleitetes Denken aber eine höchst gefährliche
Droge, denn es entwickelte sich (wie schon in der Weimarer
Republik) ein Diskurs, der am Ende nur Partei-Interessen
vertritt und den Erfolg rein rhetorischem Geschick charisma-
tischer Politiker verdankt. Gesunder Menschenverstand, Ver-
nunft oder wissenschaftliche Erkenntnisse blieben in Schub-
laden verstaut und wurden nur bei Interessenskonformität
oder passender Gelegenheit daraus herausgezogen, wenn es
galt (wirtschaftliche) Vorteile zu erzielen.

Aber es war auch die Zeit des Bob Beamon-Sprungs!

Der erste Weitsprungrekord über acht Meter erfolgte mit
8,13 Metern im Jahr 1935 durch Jesse Owens, eine Ohrfeige
für die Nazis gewissermaßen, was diese nur mehr noch an-
stachelte. Es dauerte 32 Jahre (1967) bis zum Sprung von
8,35 Meter. Nur ein Jahr später setzte der US-Amerikaner
Bob Beamon mit seinem Sprung über 8,90 Meter einen Re-
kord, der erst 23 Jahre später mit 8,95 Meter von Carl Lewis

übertroffen wurde und der seit nunmehr 28 Jahren nicht mehr gebrochen werden konnte.

Kurz: Es gibt hinsichtlich Anatomie und Physiologie des einzelnen Menschen Grenzen! Grenzen der Belastbarkeit und des absolut Leistbaren. Oder glaubt jemand ernstlich, ein Mensch könne die Rekorde immer wieder bis Ultimo brechen? Glaubt man wirklich, irgendwann in 200 Jahren springt jemand 13 Meter? In der Mathematik und in der Dichtung gibt es die Parabel. Irgendwann gibt es eben einen Punkt, über den hinaus man nicht mehr „springen" kann. Und wenn das so ist, dann lohnt auch nicht mehr das Messen (von Erfolgen oder Rekorden) oder das Fordern nach Mehr.

Aber die Parabel gilt für Neoliberale nicht! Für gewisse Wahrheiten sind Neoliberale halt nicht nur blind, sondern auch taub. Erst, wenn sie es zu spüren bekommen, wenn das Atomkraftwerk ihnen um die Ohren geflogen ist, werden sie wach; aber dann ist es oft zu spät.

Aller Bestreben ging dahingehend, mehr zu verdienen, mehr zu leisten, um den Kindern bessere Chancen für das künftige Leben bieten zu können und am Wohlstandskuchen teilzuhaben. Tatsächlich motivierte und korrumpierte diese Aussicht auf mehr Geld bzw. Kaufkraft, der Glaube, dass sich Leistung lohne, die Mehrheit der Bevölkerung. Die Linken sprachen von Konsumterror, die Konservativen vom Wohlstand durch Wachstum. Das Leben in einer Leistungsgesellschaft fordert zwar Opfer, aber die trug man gerne, denn die Gehaltskurve zeigte stets nach oben. (Der Hitler-Gruß auch!) Nutzen für die Allgemeinheit über alles; der Utilitarismus war vorherrschende Doktrin, gar nicht unähnlich dem, was noch einige Jahre vorher Nationalsozialisten für das Volk predigten. „Lebensunwertes eliminieren!"

Dennoch merkte niemand, dass gerade die gewerkschaftlichen Forderungen nach MEHR, die Einforderung von Prozenten eine mathematische Gleichung enthielt, die dann fünfzig Jahre später in einer Atem beraubenden Spaltung von Arm und Reich gipfelte. Auf 1000,- D-Mark 5 Prozent sind zunächst nur 50,- Mark mehr im Jahr. Auf 5000,- D-Mark waren das aber schon 250,- D-Mark, also 25 Prozent des Verdieners von 1000,- D-Mark. Wer dieses Spiel weiter führte, war nicht gut beraten oder einfach dumm, denn bei einer moderaten Inflationsrate musste das zu größerer Ungleichheit führen, die irgendwann in Ungerechtigkeit umschlägt. Nein, er war nicht dumm, der Besitzende oder der auf Besitzzuwachs Hoffende, ihm war es schlichtweg egal. Hauptsache das Portemonnaie wurde gefüllt. Monetäre Klugheit? Die Masse versteht sich halt nicht auf Zinseszinzrechnung, wohl aber der, welchem der Zinsertrag lohnt! Nicht wer lesen, sondern mehr noch, wer rechnen konnte, war stets im Vorteil.

Dass der erreichte Wohlstand in der Regel aber nicht (allein) das Resultat harter Arbeit ist, sondern eher glücklichen Umständen wie Herkunft, Erbe, Bildungschancen oder Zufällen geschuldet ist, dieser Sichtweise können sich die Glücklichen, die Gewinner des Systems einfach nicht (mehr) vorstellen. An dieser Stelle sei auf das psychologische Experiment von Paul Piff verwiesen (https://www.youtube.com/watch?v=bJ8Kq1wucsk).

Eine Krankenschwester, die 2001 netto etwa 1200,00 € verdiente, kam zehn Jahre später bei jährlichem Zins von 4 % bei etwa 1700,00 € heraus. 500,- € mehr, klingt erst mal gut. Aber diese Rechnung ist ohne die Preissteigerung und die Mieterhöhungen gemacht! Der leitende Stationsarzt oder höhere Finanzbeamte, der 2001 netto mindestens! 3000,- netto nach Hause brachte, hatte zehn Jahre später etwa 4600,00 € im Säckel! Er hatte also das Gehalt der Schwester bereits dazu gewonnen. Nochmal: Das wovon die Schwester zehn Jahre später leben musste, hatte ER mehr! Zwar muss man bei ihm sicher auch Preissteigerung und Mieterhöhung subtrahieren, dennoch bleibt ihm Ende des Monats immer noch ein deutlich höherer Betrag, den er bei Seite legen oder damit spielen kann, also zum Beispiel dieses Geld an der Börse für sich „arbeiten lassen" oder sich damit früher in die Rente kaufen. Die teurer gewordenen Kartoffeln, von denen er auch nicht mehr essen konnte als die Krankenschwester, kratzten ihn überhaupt nicht und während die Schwester bei Aldi oder Edeka nach Sonderangeboten Ausschau halten muss, geht er über den Wochenmarkt und kauft Bio und die Krankenschwester wird von den Politikern auch noch aufgefordert zu Riestern und den Pflege-Bahr abzudrücken. Das ist Irrsinn!

Aber die Gewerkschaften beschäftigten sich fast ausschließlich mit sich selbst. Prozentuale Lohnsteigerung und Arbeitsplatzerhalt um jeden Preis, auch wenn dabei die Umwelt Schaden erlitt; mehr konnten sie nicht denken. Alles was außerhalb ihrer Mitglieder war, war Feind oder: Nicht von Interesse.

Als ich 1984 mein Referendariat absolvierte, war ich noch Mitglied der Gewerkschaft Erziehung und Wissenschaft (GEW). Zu dieser Zeit machte Oscar Lafontaine angesichts der drohenden Lehrerarbeitslosigkeit, - also der Lehrer, die dann Anfang der 2010er Jahre fehlten!, - den Vorschlag, dass die Lehrer, die damals vergleichsweise sehr gut verdienten, auf 1 Prozent ihres Gehaltes verzichten sollten, um einen Großteil der von Arbeitslosigkeit bedrohten Lehrer, also der Referendare, doch einstellen zu können. Dagegen setzte sich die Gewerkschaft massiv zur Wehr.

So bestand für mich selbstverständlich gar kein Grund mehr, Mitglied zu bleiben und ich trat sofort aus.

Noch mal: Zurück zu Bob Beamon!
Was ab dieser Zeit immer mehr um sich griff und das gesellschaftliche Leben zunehmend beherrschen sollte, war die absolute Verherrlichung der Leistungsgesellschaft. Die Betriebe und Unternehmen bis in den sozialen Bereich hinein gerieten zunehmend unter DRUCK. In der freien Wirtschaft, speziell in der Autoindustrie zeigte der technologische Fortschritt immer mehr Möglichkeiten hinsichtlich Produktivitäts- und Effizienzsteigerung auf. Immer neue Rekorde wurden gebrochen und das Ganze wurde noch weiter gesteigert durch - Qualitätsmanagement. Nicht allein das Outcome, die Ergebnisse, war nun wichtig, sondern auch der Prozess dahin! Lean-Management, Null-Fehler-Produktion, Selbst-Optimierung um nur ein paar Stichworte zu nennen. Dass es da aber eine Grenze geben könnte, die in der Natur des / der Menschen lag und dass man darüber hinaus vollkommen vergaß, die nicht oder weniger Leistungsfähigen oder Leistungsbereiten mitzunehmen, wurde schlichtweg verdrängt. Immer mehr Menschen blieben auf der Strecke.

Ich selbst verstand mich als ehemaliger Leistungssportler auch als jemand, der viel, ja überdurchschnittlich, leistete. Und es ärgerte mich fürchterlich, wenn ich die Ressourcenverschwendung, die Langsamkeit und Umständlichkeit mancher Arbeitskollegen in den Betrieben, in denen ich als Erwachsener arbeitete, wahrnahm. Stets hatte auch ich Verbesserungs- und Optimierungsideen vor Augen. Und vieles davon konnte ich umsetzen, leistete also einen Beitrag zur Effizienzsteigerung. Mich regten - und das schon in der Schule und in der Jugendfeuerwehr - faule und langsame, aber auch dreiste und vorlaute Menschen, vor allem im Arbeitsalltag, fürchterlich auf.

Und so arbeitete ich auch immer: Bis zur völligen Erschöpfung! Die dann in irgendeine Erkrankung oder Depression mündete. Waren es anfänglich nur die häufigen Mandelentzündungen und Rückenbeschwerden, folgten 1998 ein perforierter Darm, 2005 Drehschwindelattacken bis zum Erbrechen und zum Burnout und schließlich 2008 eine schwere Herzerkrankung.

Besonders dramatisch wurde es, als ich im Jahr 2001 als Pflegedienstleiter im Altenheim sah, welche (zeitlichen) Ressourcen durch die finanziellen Mittel, also die Einnahmen, der Einrichtung nur zur Verfügung standen. Gleichzeitig getrieben von Ehrgeiz und dem Willen effizienter und kostendeckend zu wirtschaften und zu arbeiten, setzte ich alles daran Einsparpotentiale zu nutzen. Die Pflegemitarbeiter hatten in den Jahren davor einen Überstundenbetrag von etwa 7.000 Stunden aufgebaut, das entsprach etwa, auf ein Jahr gerechnet, fünf Vollzeitstellen. Als ich 2009 die Einrichtung verließ, waren es nur noch etwa 1.500 Stunden. Mit Disziplin, genauer Kalkulation und steter Optimierung der Prozesse gewann ich dabei zwar Ansehen und eine gewisse Selbstzufriedenheit, aber das täuschte darüber hinweg, was der Seele an Schaden angetan wurde. Als ich begann, saßen alle Mitarbeiter der Früh- und der Spätschicht noch zur gemeinsamen Mittags- und Schichtübergabe zusammen, die ich immer als sehr unproduktiv und zeitfressend erlebte. Ich rechnete die vier der Früh- und die drei der Spätschicht-Stunden während der Übergabe zusammen, 3,5 Stunden. Und reduzierte auf 1,5 Stunden: Nur zwei der Früh- und einer der Spätschicht sollten noch an der Übergabe teilnehmen; es sei ja eh alles zu dokumentieren und damit nachlesbar. Und das Ganze wurde noch weitergetrieben, bis es viele „kürzere" Dienste gab, um Stunden zu sparen.

Heute weiß ich, dass diese (so überflüssig und ineffizient erscheinende Übergabe-) Zeit eine wichtige, soziale Funktion hat, Gemeinsinn stiftend und Solidarität und Zusammengehörigkeit fördernd nämlich. Und ich weiß heute ebenso, dass diese, eigentlich für die Pflegenden notwendige, - allerdings durchaus besser gestaltbare Zeit -, nicht über die Einnahmen aus den Beiträgen der Pflegesätze refinanziert ist!

Letztendlich habe ich also nicht nur den Mangel verwaltet, sondern den heute eintretenden „Pflegekollaps" mit genährt. Kind meiner Zeit, dem neoliberalen Geschwätz folgend, habe ich – symbolisch gesprochen - noch Carl Lewis übertreffen wollen. Und noch immer haben es die Politiker von CDU/ CSU, FDP, afd und teilweise von der SPD nicht begriffen: Das Ende der Fahnenstange ist erreicht. Es kann nicht höher hinauf gehen, sondern man muss die Fahnenstange pflegen. Man kann Menschen, hier: das Pflegepersonal, nicht unendlich auspressen wie eine Zitrone, um dann noch den Abrieb der Zitronenschale zu vermarkten.

Neulich habe ich meinen Enkel nicht in die Kita bringen können, weil auch dort - wie in fast allen sozialen Berufen (Erzieher, Richter, Lehrer, Pflegekräfte, Physio- und Ergotherapeuten)- Mangel herrscht. Ich sehe auch in der Konzertierten Aktion Pflege nicht wirklich einen Ausweg, denn die Pflegekatastrophe ist längst eingetreten und NICHRT MEHR AUFZUHALTEN (ähnlich einem point of no return bei der Klimakatastrophe, vor dem wir stehen).

Es erscheint mir daher ratsam die Bevölkerung ehrlich darauf vorzubereiten, dass die pflegerische Versorgung im Krankenhaus, Altenheim und auch im ambulanten Bereich nicht mehr durch Profis zu gewährleisten sein wird. Wie schon ambulante Pflegedienste nicht mehr die Nachfrage bedienen können, wird es in Altenheimen und Krankenhäusern zu immer zahlreicheren Bettenschließungen kommen (müssen). Denn selbst wenn nun die Deckelung durch den § 70 SGB XI aufgehoben oder durch Steuerfinanzierung ausgeglichen bzw. nachfinanziert werden sollte, werden die Versäumnisse der Politik (auch der GRÜNEN) der letzten Jahre die hereinbrechende Katastrophe nicht mehr aufhalten; schon gar nicht durch den Einsatz von Kräften aus dem Ausland. So wird mein Enkel in zwanzig Jahren mich nicht in einem Heim besuchen können, weil die Pflegkräfte fehlen.

Dann wird seine Familie - da ja auch kein Sozialdienst mehr kommen kann - mich zu Hause mehr recht als schlecht versorgen müssen.

Unsere neoliberal geimpfte Politik fragt stets, wie viel Geld in einem Topf ist, wie zum Beispiel der Pflegeversicherung, um DARAUS zu finanzieren, was zwangsläufig zur Mangelverwaltung führt. Unsere Gesellschaft muss aber die Frage beantworten, was wir für uns (selbst) und unsere Gesellschaft wollen, welchen Qualitätsstandard wir haben möchten, um dann bzw. danach zu fragen, aus welchen Geldquellen DIES Qualitätsniveau refinanziert werden kann.

Wohlstand müsse erst erwirtschaftet werden, ehe er verteilt werden könne. Diesen Spruch kennen wir als Totschlagsphrase in den Diskussionen zwischen Linken mit dem Establishment aus dem neoliberalen Lager. Man sei eben „für Wohlstand für alle, anstatt für Wohlfahrt für alle".

Nun, nicht erst Rezo hatte der CDU im Sommer 2019 die Leviten gelesen. Im Herbst 2019 hatte Greenpeace der Parteienzentrale der CDU in Berlin das „C" geklaut. Dies wirft m.E. ein gewisses Licht auf die Partei. Zwar richtete sich die Kritik von Greenpeace vornehmlich daran aus, dass die CDU eine gewisse Nachhaltigkeit und Verantwortung für unsere Lebensgrundlagen, also der Natur, und die Zukunft unserer Nachkommen offenkundig vermissen lässt, aber ich füge hinzu, sie hat zwar im Hinblick auf ihre Wirtschaftspolitik gern das Wort „sozial" in den Mund genommen, aber wenn man sich ihre Kernbotschaften genauer über einen längeren Zeitraum anschaut, dann ist diese Partei alles andere als christlich.

Nun sind Regierungen darauf angewiesen, dass sie insbesondere durch Steuern und Zölle genügend Geld einnehmen oder erwirtschaften, um staatliche Institutionen, Infrastruktur und soziale Leistungen finanzieren zu können. Je mehr

Menschen durch Arbeit Geld verdienen, sei es als Arbeitnehmer oder durch den Verkauf von Waren oder Dienstleistungen, desto höher sind natürlich auch die Ausgabemöglichkeiten der staatlichen Organe. Bei hoher Arbeitslosigkeit oder geringen Verkaufszahlen der Unternehmen sinkt natürlich das Einnahmevolumen des Staates.

Wachstum oder besser: hohe Verkaufszahlen oder gesteigerter Konsum, sind daher gut für den Staat und am Ende für die Infrastruktur, aber auch für die Bildung und die sozial Schwachen. Hohe Verkaufszahlen werden vor allen Dingen generiert durch Konsum. Damit allerdings die Waren auch gekauft werden, bedarf es einer ausreichenden Kaufkraft im Inland und/oder eines Exportüberschusses! Je höher also zum einen die Löhne und Gehälter und je niedriger zum anderen die Arbeitslosigkeit, desto mehr Kaufkraft. Wenn die Menschen das Geld dann auch noch möglichst zeitnah und tatsächlich in den Konsum stecken oder in Projekte investieren, umso mehr sprudeln auch die Einnahmen des Staates. Schlecht wäre es auf Dauer, wenn die Einnahmen der Menschen aus Löhnen oder Verkäufen über Gebühr „geparkt" werden, zum Beispiel in Form von Sparvermögen oder Aktienerwerb, etc.

Warum? Weil dann zum einen die Wirtschaft nicht arbeitet und rund läuft; sie ist dann vorübergehend quasi tot. Andererseits erzielt der Staat seine meisten Einnahmen aus den Abgaben durch die Arbeitnehmer (Lohnsteuer, Sozialversicherung, etc.). Aus Vermögen und Geerbtem oder dem, was in den Aktienmärkten etc. kursiert, bezieht der Staat, relativ betrachtet, verhältnismäßig wenig Einnahmen. Die Folge ist, dass sich Vermögen so beinah ungebremst anhäufen kann.

Wenn die Wirtschaft kriselt, merken wir bzw. der Staat das besonders daran, dass einerseits weniger beispielsweise durch Löhne eingenommen wird, weil die Arbeitslosigkeit steigt, oder geringere Löhne gezahlt werden. Andererseits steigen die Ausgabenverpflichtungen zum Beispiel für Arbeitslose und sozial Schwache dann deutlich an. In der Folge kommt es dann zur Verschuldung. Ergo sind hohe Löhne und geringe Arbeitslosigkeit gut für den Staat.

Eine Definition zum Wort „Erwirtschaften" im Internet besagt: „durch Handeln am Markt (Wirtschaften) ein bestimmtes Ergebnis erzielen, Geld einnehmen."

An dieser Stelle möchte ich noch einmal kurz zurück blicken auf Frau AKK (CDU), Herrn Merz, Herrn Lindner und Co. Aus deren Mündern in den Diskussionen am Ende immer wieder die Totschlagsphrase erschallt und viele Diskutanten verstummen lässt. Vielleicht kann diese Stille mit einer Gegenfrage und der Aufforderung, diese ehrlich und gewissenhaft zu beantworten, durchbrochen werden. Die Frage, die ich mir nämlich bei all dem immer wieder stelle, ist:

Wer erwirtschaftet denn eigentlich das gesamte Produkt aus Waren, Gütern, Dienstleistungen?

Und auf diese Frage kann es nur eine Antwort geben: Menschen!

Von Menschen, die Steuern zahlen, genauer gesagt. Also von Menschen, die arbeiten.

Arbeit hat nun aber viele Gesichter.

Ist es die Hand der Reinigungsfrau, die Toiletten im Bürogebäude des Unternehmers reinigt?

Ist es die Ehefrau des Ingenieurs, die die Kinder betreut und den Haushalt führt?

Ist es die Ehefrau des Vorarbeiters, die als Krankenschwester den Verband wechselt?
Ist es der Arbeiter, der am Band die Schrauben am neuen Golf eindreht?
Ist es der Konstrukteur, der für die Produktion eines neuen Kühlschranks die Pläne entwirft
Ist es der Manager, der einen neuen Absatzmarkt für das Unternehmen gefunden hat?

Es sind alle, die daran direkt oder indirekt beteiligt sind, dass eine Produktion erfolgreich ist und dass alle Prozesse gut laufen können, weil **gereinigt, repariert, gepflegt, erzogen, gelehrt, konstruiert, geplant, gebaut, transportiert und besprochen** wird.

Alle arbeitenden Menschen tragen dazu bei, dass Unternehmen Produkte herstellen, Dienstleistungen anbieten und verkaufen können. Also sind wir alle daran beteiligt, dass Unternehmen überhaupt „erwirtschaften" können. Nicht nur der Unternehmer, der Manager oder Handwerker, sondern auch die Krankenschwester, die Erzieherin und der Polizist. DAS wird aber von den Parteien rechts der Linken gern übersehen.

Es ist eben nicht das „Verdienst" des Managers, sondern das Ergebnis der Zusammenarbeit von (meist fleißigen) Menschen. Letztendlich ist auch die Kindergärtnerin daran mitbeteiligt; nur man sieht es nicht. Aber auch sie hat ein Recht, an dem Kuchen in billiger Weise, nämlich gerecht, beteiligt zu sein.

Leider sind aber die Proportionen aus dem Ruder gelaufen. Denn es gibt ein Problem. Der VW-Manager und der Aktienbesitzer erhält derart astronomische Summen an Gehalt und Rente oder Rendite, dass dann unten, fern vom Fernglas der Presse und Öffentlichkeit, (der Erzieherin und dem Staat!) Geld fehlt. Und allzu schnell und zu oft versickert Geld in den Zinsenkanälen und sammelt sich in den Händen weniger Menschen, die das Geld nicht mehr dem Markt zuführen oder die am Erwirtschaften Beteiligten (s.o.) großzügiger (höhere Löhne, mehr Steuerabgaben) beteiligen, sondern als Spekulationsmittel zurückhalten.

Was also nicht „wert" geschätzt wird ist die Sorgearbeit, die Arbeit am Menschen. Diese Tätigkeiten machen aber das Leben der Menschen überhaupt erst möglich. Frauenarbeit zumeist: Menschen gebären, großziehen, ernähren, kleiden, sauber zu halten, aber auch zu trösten, ermuntern, die Regeln der Gesellschaft beibringen, betreuen, pflegen, etc… Solche Tätigkeiten werden direkt konsumiert. Es werden keine Waren hergestellt, die gewinnbringend verkauft werden sollen.

Sorgearbeit entspricht nicht der Grundlogik des Kapitalismus. Und daher wird sie als „unproduktiv" betrachtet. Sie produziert nicht für den Verkauf auf dem Markt. Allerdings eignet sich der Markt die „Produkte" der Sorgearbeit an, etwa wenn ein unentgeltlich geborener und großgezogener und versorgter Mensch seine Haut als „Arbeitskraft" auf den Erwerbsarbeitsmarkt trägt.

Richtig ist und bleibt: Man kann nur das Geld ausgeben, das man eingenommen oder „verdient" hat.

Um Geld zu verdienen, muss man entweder in einem Arbeits- oder Angestelltenverhältnis stehen, bei dem jemand, der Geld besitzt oder seinerseits „erwirtschaftet", es dem Angestellten oder Arbeitnehmer geben oder auszahlen kann. In der Regel spricht man hier von Arbeitgebern.
Oder man erhält durch Verkauf einer Ware oder einer Dienstleistung einen gewissen Gegenwert in Form von Geld. Prinzipiell gibt es aus meiner Sicht drei Möglichkeiten Geld zu erwerben:

1. Erwerbstätigkeit (die noch weitaus häufigste Form) von Arbeitern und Angestellten

2. Vermögen (oder Kapital), das Rendite abwirft oder das veräußert werden kann

3. Sozialleistungen (des Staates)
Bei den ersten beiden kann der Staat Steuern erheben. Im dritten Fall bezahlt er aus den Steuereinnahmen aus 1. und 2.

Das heißt aber auch, dass das, was in 1. und 2. „erwirtschaftet" wird, auf der Ausgabenseite für 3. **eingepreist** werden muss, und zwar kostendeckend! Dazu gehört letztendlich aber nicht nur das Arbeitslosengeld, sondern auch die Gehälter und Investitionen für den Gesundheits- und Bildungsbereich.

Das, was jemand an Geld einnimmt, sollte in der Regel gleich oder mehr sein, als er an Ausgabenverpflichtungen hat. (Billigkeitsgebot) Dieses Billigkeitsgebot wird bei denen, die einer Arbeit nachgehen schon dann verletzt, wenn das Geld zu einem menschenwürdigen Leben (bis zum Tod, also möglicherweise auch bis in ein längeres Rentenalter) nicht reicht. Stichworte: Lohndumping, Ausbeutung, Mini-Job, Altersarmut, etc.

Bisher hat das (kapitalistische) System vergleichsweise gut funktioniert; man hat sogar jahrzehntelang billigend in Kauf genommen, dass sich Menschen, die schon viel besitzen, noch weiter be-reichern konnten und hat auf die Abgabe von Steuern zum Teil verzichtet oder die Quote sehr geringgehalten. Dahinter steckte die zunächst klug und logisch erscheinende Rechnung, dass dadurch vonseiten der Besitzenden mehr Spielraum für Investitionen vorhanden wäre und man hoffte, dass durch diesen Spielraum weiterer Wachstum erfolgen könne.

Außerdem wollte man vermeiden, dass Besitzende in andere Länder abwandern, wo sie höhere Gewinne und Renditen erwirtschaften können. Leider ist gerade dieser Plan nicht aufgegangen, weil es auf der Welt (noch!) genügend Länder gibt, in denen Unternehmer geringere Löhne zahlen müssen und billiger Rohstoffe einkaufen können. Unter anderem durch Reimport haben sie dann ihre Gewinne und Renditen weiter steigern können. Sie haben mit dem „gewonnenen" Geld aber nicht wieder in dem Maß (hier bei uns) investiert, sondern das Geld auf dem Aktienmarkt spielen lassen oder weitere günstige Gelegenheiten, sprich Produktionsbedingungen, gesucht, um noch weiter zu „gewinnen".

Nun hat sich aber der Staat letztendlich erpressbar gemacht – nicht so sehr durch Terroristen, nein – durch die großen Unternehmen, die bei höherer Besteuerung natürlich in günstigere Gefilde abwandern; daher hat der Staat sich nicht getraut, die Unternehmen durch höhere Besteuerung auch am Wohlstandswachstum zu beteiligen, was sich heute rächt.

Rund um uns, auf der ganzen Welt, vor allem in China, Indien, USA, Brasilien wird aufgerüstet. Noch sind wir Exportweltmeister, aber es ist absehbar, dass diese Ära zumindest erstmal für Europa zu Ende gehen wird.

Eine Folge solcher Aufrüstung und des allgemeinen technologischen Fortschritts ist die zunehmende Digitalisierung und Roboterisierung. Ganze Arbeitsabläufe, die bisher Menschen gemacht haben, können zunehmend von Maschinen, Computern und Robotern erledigt werden.

Wenn unsere Gewinne bzw. unser Wachstum vornehmlich das Ergebnis einer zunehmend digitalisierten und roboterisierten Welt sind, dann darf die Besteuerung der entsprechenden Ergebnis-Leistungen (Produktion und Dienstleistung) kein Tabu mehr sein.

Denn sonst müssten immer weniger, meist gut verdienende Erwerbstätige, also der Mittelstand, für alles andere, wie Erziehung, Bildung, Infrastruktur und Gesundheitsfürsorge, nahezu allein aufkommen. Unter dieser Last wird der Mittelstand zwangsläufig zusammenbrechen.

Insbesondere schwere, eintönige oder gefährliche Arbeit kann an Maschinen delegiert werden; der Mensch könnte frei werden für andere Tätigkeiten. Dies können kreative und künstlerische, es können sportliche oder Freizeittätigkeiten sein. Es könnten aber auch soziale, erzieherische und pflegenden Tätigkeiten sein, solche nämlich, die Roboter NICHT übernehmen können. Was wäre das für ein Land, in dem Bildung ganz oben stünde, an jeder Ecke musiziert, einander geholfen und Gemüse angebaut würde?

Allerdings gibt es da zwei große Schwierigkeiten:

1. Fehlende Bildung und Sozialisation der Massen

2. Der Staat ist darauf angewiesen, dass Menschen arbeiten und Lohn erhalten, damit sie ihre (notwendigen) Ausgaben refinanzieren können.

1)
Im ersteren Fall gibt es vielfältige, historisch und strukturell bedingte Fehlentwicklungen, die kaum mehr zu korrigieren sind. (Pfadabhängigkeiten oft!) Richard David Precht hat dazu, insbesondere zum Bildungssystem, genügend geschrieben und publiziert, was ich hier nicht wiederholen muss. Nur die Minderheit der Menschen ist in der Lage sozial kompetent zu interagieren. Sie können nicht pflegen, erziehen oder angemessen kommunizieren. (Mangelhafte Rechtschreibung, Halbwissen, mangelnde Bildung, Empathielosigkeit, Leugnung von historischen Fakten und Hetze, im Internet nachlesbar, sollen als Hinweise genügen.)

Wenn solche Menschen ihre Arbeit verlieren, nie gelernt haben sich intrinsisch (neu) zu motivieren, sind sie nicht nur nicht bereit, sondern meist auch völlig unfähig, solche Jobs zu erledigen, die nicht durch Maschinen ersetzbar sind, wie Pflege, Erziehung oder Reinigungsarbeiten; Frauenjobs meist.

Im Gegenteil, sie werden zur Bedrohung, folgen gern rechten Parolen und tun sich leicht beim Aufspüren von Sündenböcken. Precht sagt zudem, es gebe da kein „Nullsummenspiel". Ein arbeitsloser Fließbandarbeiter wird nicht zum Altenpfleger, bestenfalls gelingt eine Umschulung zum Handwerker.

Folglich müsste es eine völlig neue Erziehung und vermehrt Bildung geben. Aber nicht eine Bildung, die Excel-Tabellen zu jonglieren oder Fremdsprachen zu beherrschen weiß, sondern eine die Sozialkompetenz, Verantwortungsbewusstsein, Empathie und ehrenamtliches und politisches Engagement zu würdigen weiß.

2)
Hinsichtlich des zweiten Problemkomplexes ist nun anzumerken, dass es langfristig (schätzungsweise in 15 bis 30 Jahren und erste Anzeichen gibt es bereits!) dazu kommen wird, dass immer mehr, vor allen Dingen schlecht ausgebildete und ungebildete Menschen ihren Arbeitsplatz dort verlieren werden, wo sie durch die Digitalisierung, Algorythmen, Maschinen und Roboter ersetzt werden können, arbeitslos werden. Und diese wird man erstens und schon aus Menschenrechtsgründen nicht einfach in soziale Berufe packen können und zweitens deswegen nicht, weil die Refinanzierungsgrundlagen (Steuern) für solche (sozialen) Berufe in dem derzeitigen System gar nicht ausreichen, um sie zu bezahlen.

Folglich wird man nur durch die Einführung eines bedingungslosen Grundeinkommens (allein schon aus Menschenrechtsgründen und weil sonst der Konsum einbrechen würde und es zu Unruhen kommen würde) und durch Um-Fairteilung, eine höhere Besteuerung von Vermögen und hohen Einkommen, sowie durch neue Steuerquellen, wie zum Beispiel durch eine Finanztransaktionssteuer, einen Ausweg aus der drohenden Katastrophe finden können.

Leider entpuppen sich die Entscheidungen und (Gesetzes) Formulierungen der meisten Politiker allzu oft als interessengeleitet bzw. von Lobbyisten vordiktiert, so dass man fast von Verführung sprechen kann. Lobbyismus, Intransparenz durch komplizierte Gesetze und Hinterzimmergespräche bis hin zu offenkundiger Korruption durchziehen gemeinhin das politische Leben von vielen Abgeordneten.

Würden die Politiker den Empfehlungen namhafter, prominenter Wissenschaftler und Philosophen wie Precht, Lesch, Sell, Quaschning, Wohlleben, Guérot, von Hirschhausen, ... etc. eher folgen als den Wirtschaftsvertretern namhafter Unternehmen, dann hätten wir eine andere Republik: Auf den ersten Blick ärmer, aber zufriedener und langfristig überlebensfähig. Schon lange hat reiner Konsum zur Befeuerung von Wachstum viel Ähnlichkeit mit dem Zauberlehrling; er ist außer Kontrolle geraten, schädigt Umwelt und Gesundheit und will sich nicht bändigen lassen, weil ihm die Einsicht fehlt. Wir brauchen aber dringend ein Einsehen und dies erfordert zuallererst einen politischen Kurswechsel.
Natürlich bedeutet der Kurswechsel in der Politik auch Verzicht, man könnte es auch Disziplin nennen, aber gebetsmühlenartig zu wiederholen, der Markt würde alles durch eine veränderte Nachfrage regeln und scheinheilig so zu tun, als dürfe man dem Bürger nicht seine Entscheidungsfreiheit eben auch für Schädliches nehmen, ist verantwortungslos und blind.

Verzicht, aber worauf? Verzicht auf SUVs und Kreuzfahrt-schiffe, Flugreisen, Billigfleisch, Überproduktion, Sub-ventionen, Wegwerfprodukte und so weiter. Dafür mehr fleischloses Essen, weniger Autoverkehr, mehr öffentlicher Nahverkehr, mehr körperliche Betätigung durch Radverkehr, weniger Konsum, Ausbau und Nutzung regenerativer Energi-en.

Stellen Sie sich vor, es gäbe heute keine Anschnallpflicht im Auto und kein Rauchverbot in Restaurants. Haben diese Vor-gaben (oder Bevormundungen) zu weniger Lebensqualität oder gar Elend geführt? Nein. Im Gegenteil. Mehr Radver-kehr und weniger Fleischkonsum werden gesündere Men-schen UND eine sauberere Umwelt zur Folge haben.

Wer will das nicht? Es wollen diejenigen nicht, die entweder darin immer nur „Bevormundung" des Bürgers, genauer des Kunden, sehen oder diejenigen, die mit den Erlösen ihrer Verkäufe (von Autos und billigem Fleisch) ihre Renditeträu-me verwirklichen. Welche Freiheit wollen die Liberalen denn verteidigen? Scheinbar nur die Freiheiten, die Spaß und Pro-fit generieren. Dass aber die Freiheit da endet, wo andere (Menschen, Umwelt, Nachfahren) Schaden erleiden, davon haben sie zwar gehört, wenden es bestenfalls auf Kriminal-fälle an und sind dann mit dem Denken am Ende.

Wenn wir nicht wollen, dass angesichts der Bruttosozial-schäden durch ungehemmte Freiheit in zwanzig Jahren von Seiten egal welcher Regierung ein Bündel von Verboten erlassen werden MUSS, damit wir nicht alle vom Meerwas-ser weggeschwemmt oder von den massenhaft produzierten Waffen in den falschen Händen erschossen werden, dann reichen reine Apelle an die Vernunft des einzelnen nicht. Nein, wir brauchen tatsächlich mehr Regelung. Da wird es wohl den einen oder anderen Geisterfahrer geben, aber in Deutschland wird halt rechts gefahren.

Natürlich braucht der Mensch Regeln, eben auch Gebote und Verbote. Bei den meisten darauf zu setzen, dass ihre Vernunft über den Trieb und den Schweinehund siegt, ist nicht nur naiv, sondern kaschiert letztendlich nur eine Doppelmoral, die daraufsetzt, dass man direkt als Unternehmer oder indirekt als Verbraucher von den Verkäufen schädlicher Ware profitiert. Profit und Rendite als neue Heilsversprechen im Kostüm der Wachstumsideologie entlarven sich – wie bereits betont - per se als neue Ersatzreligion, die sogar der tradierten Religion zum Beispiel des Christentums grundlegend widersprechen.

Was aber die Menschheit braucht, ist mit Hilfe der Wissenschaften die realen und die wichtigen Probleme möglichst rechtzeitig zu erkennen und nicht das unbeirrbare Festhalten an neoliberalen Glaubenssätzen.

Diese Gesellschaftsform mit dem Credo „Wachstum sichert Wohlstand" ist in die Sackgasse geraten; nur können es die „Gläubigen" noch nicht erkennen; sie rennen vor die Wand. Die Gesellschaft zeigt dabei eklatante Spaltungen, die den Frieden und das Überleben unserer Spezies gefährden. Und ich rede nicht allein von der Spaltung von Arm und Reich bei schleichender Auflösung des Mittelstandes. Die Neoliberalen fragen bei eher ethisch gefärbten Forderungen aus dem linkspolitischen Lager immer, wer denn das alles, nämlich Rente, Grundeinkommen, soziale Projekte, etc., bezahlen solle; es müsse ja erst einmal „erwirtschaftet" werden. Dabei unterschlagen sie aber immer - und das meist ohne böse Absicht, denn viele plappern einfach nach -, dass ja bereits erwirtschaftet WURDE! Der Gesamtwohlstand wurde von arbeitenden Menschen ERARBEITET. Aber nur Priviligierte haben Zugriff auf die Gewinne. Am Vermögen des VW-Managers haben alle Mitarbeiter des Unternehmens teilgehabt, nämlich durch Arbeit in Entwicklung, Produktion und Verkauf der Fahrzeuge.

Zu behaupten, es sei kein Geld da, ist schlichtweg Selbstbetrug. Die Unverhältnismäßigkeit der Erwerbseinkommen sowie der Verteilung von Vermögen hat ein Ausmaß erreicht, das mit moralischen und rationalen Maßstäben nicht mehr zu rechtfertigen ist. Dies wissend, wagen politisch Verantwortliche keine Gegenmaßnahmen. Dies hat verschiedene Gründe, nicht allein die Korruptheit oder Verführbarkeit einiger Politiker.

Und hier kommen wir zur nächsten Spaltung in unserer Gesellschaft, nämlich die Spaltung von Wissen, Bildung und wissenschaftlichem Erkenntnisstand auf der einen und Meinen (Glauben), Unbildung und Falschinformation (manchmal auch Dummdreistigkeit) auf der anderen Seite, auf der sich die Ungenauigkeit bis hin zur Heuchelei und Lüge in einer komplexeren Welt einnistet. Glücklich darf sich wähnen, wer in diesem Labyrinth ausreichend Macht (Geld, Ressourcen oder Waffen) besitzt, den die Manipulation nicht anficht und dem Aufklärung nichts bedeutet.

Brauchen wir ein neues Zeitalter der Aufklärung? Ja! Manchmal schimmert es durch bei der Rufe nach „Faktencheck". Nur leider dringen Klarstellungen und Wissen nicht oft genug durch den Dschungel der „Meinungen". Erst wenn etwas vor die Wand gefahren ist und einen lauten Knall verursacht hat, wird das Rad meist zu spät gewendet. (z.B.: Atomkraftausstieg, Klimakatastrophe, Amokläufe, Pflegenotstand) Und selbst dann gibt es noch Leugner. Und die Ungebildeten werden ihnen glauben. Und gegen einen Glauben anzukämpfen, ist eine mehr als heroische Tat. Die Aufklärer aller Zeiten haben es zu spüren bekommen.

Wir sind noch weit davon entfernt, uns selbst aufklären zu lassen, weil es uns an nichts mangelt und doch an vielem fehlt: Bereitschaft zum Mit-, Weiter-, und Umdenken, Transparenz und Entfaltung ethischer und sozialer Kompetenzen.

Und solange Erfolg nur am Augenblick und größtmöglichen, materiellen Gewinn gemessen wird und Verantwortung für ein NachUnsLeben fehlt, wird sich daran auch nichts ändern.

Florent Maussion 2005